Landschaften

Bundeskanzleramt, Bonn
16. Oktober – 14. Dezember 1996

Zweites Deutsches Fernsehen, Mainz
27. Januar – 23. Februar 1997

Staatskanzlei, Erfurt
21. April – 19. Mai 1997

Landratsamt, Altenburg
19. Juni – 11. Juli 1997

Sächsischer Landtag, Dresden
23. Juli – 22. August 1997

Deutsches Historisches Museum, Berlin
3. Oktober – 25. November 1997

Galerie Peerlings, Kampen/Sylt
Frühjahr 1998

Edition Josef Peerlings
Krefeld/Kampen auf Sylt

Sechs Jahre nach der
Wiedervereinigung

Landschaften

Skizzen und Bilder
aus den sechzehn
Bundesländern
von Klaus Fußmann

Bundeskanzleramt 16. Oktober 1996

1. Prinzregent-Luitpold-Brunnen
bei Schloß „Villa Ludwigshöhe"
Edenkoben/Pfalz
Aquarell und Bleistift, 1995
11 x 15,5 cm
Signiert unten rechts: „Fu L.H. 95"

Zum Geleit

Im Herbst 1995 sah ich eine Reihe von aquarellierten pfälzischen Landschaften des Malers Klaus Fußmann. Zuvor kannte ich nur seine Blumenbilder. Ich war überrascht, denn ich habe noch selten so unkonventionell-frische, so überzeugende, heute entstandene Landschaftsbilder gesehen. Der Gedanke lag nahe, ob dieser Künstler nicht Landschaftsbilder aller Bundesländer, der alten wie der neuen, malen und im Bundeskanzleramt zeigen könne. Klaus Fußmann, der immer, wo er auch hinkommt, der Landschaft auf der Spur ist, sagte zu, in Jahresfrist eine solche Ausstellung vorzubereiten.

Das Bundeskanzleramt weicht damit von der grundsätzlichen Erwägung ab, keine Einzelausstellungen lebender deutscher Künstler zu zeigen. Die Wiedervereinigung unseres Vaterlandes ist aber eine Ausnahme wert und Grund genug, die Zusammengehörigkeit deutscher Landschaften durch das Werk eines Künstlers vor Augen zu führen.

Ein Maler streift durch die Bundesländer und sieht Landschaft, von der Nord- und Ostsee bis an den Chiemsee, von seiner rheinischen Heimat bis nach Mecklenburg-Vorpommern, Brandenburg, Sachsen-Anhalt, Thüringen und Sachsen. Er setzt diese Landschaften ins Bild. Von Klaus Fußmann waren keine „Ansichten", keine gegebenen Auftragsbilder zu erwarten. Es sind oft nur Skizzen, Entwürfe, subjektiv empfundene landschaftliche Befindlichkeiten aus einer einheitlichen künstlerischen Sicht.

Die Schönheit und Vielfalt der Landschaften, die Eigenart und der Reichtum der landschaftlichen Strukturen im tages- und jahreszeitlichen Ablauf, in ihren Stimmungen und in ihrer Gestimmtheit, macht der Künstler sichtbar. Unserer Zeit ist bewußt geworden, wie viel Landschaft unwiederbringlich verloren gegangen ist. Darum der Ruf, Landschaft zu bewahren, das wache Erleben, ein neues Sehen von Landschaft. Und es ist erfrischend, wie das hier geschieht, wie ein Künstler das alte Thema grafisch und malerisch angeht: ein künstlerisches Bekenntnis zur deutschen Landschaft.

Die Abbildung auf der Einladungskarte und auf dem Katalogumschlag zeigt die Kreidefelsen von Rügen, ein Bildvorwurf, der uns seit der Zeit der Romantiker bekannt ist und uns Deutsche immer berühren wird. So schließt sich ein Kreis von heute zur deutschen Kunst und Kultur der Vergangenheit.

Sechs Jahre nach der Wiedervereinigung ist uns diese Ausstellung von Landschaften aus allen deutschen Bundesländern ein Zeichen für das Bewußtsein und das wachsende Bewußtwerden der in Freiheit wiedergewonnenen Einheit.

Helmut Kohl
Bundeskanzler

Skizzen und Bilder
Die deutschen Landschaften

Der 1938 geborene, jetzt 58jährige Maler Klaus Fußmann hat eine bemerkenswerte Entwicklung genommen. Sein Werk ist stets in der Veränderung, in Wandlungen begriffen. Und doch, wer es näher betrachtet und kennt, sieht die Einheit seines künstlerischen Tuns.

Erste Aufmerksamkeit zog er mit seinen Stilleben, seinen Interieurs der 60er Jahre auf sich. Die Landschaft scheint erst langsam in seine Bildwelt eingeflossen zu sein, im Blick der Interieurs nach draußen, in den Fenster-Blicken, in den Garten- und Blumenbildern, in den figürlichen, den allegorisch-mythischen Bildern, im druckgraphischen Werk. Dabei hat er schon sehr früh die Landschaft ins Blickfeld gerückt, ja die Landschaft markiert den Beginn seines künstlerischen Schaffens. Schon mit vierzehn/fünfzehn Jahren zog er durch die heimatliche Umgebung, die Bergische Landschaft um Velbert, und brachte schon vor über vier Jahrzehnten, seit 1952, erstaunliche Arbeiten zustande, die den späteren Landschaftsmaler Fußmann vorbereiten: „Ich projizierte meine Gefühle in die Landschaft und wurde immer romantischer dabei."

Die intensive Beschäftigung mit der Landschaft, mit landschaftlichen Motiven, setzte ein mit den Anfängen seiner Aufenthalte in Gelting an der Flensburger Förde, 1972, im selben Jahr, in dem er den Villa Romana-Preis erhielt und für neun Monate nach Italien ging. Die Reisen wurden zu einem Impuls für seine Landschaftsdarstellung. 1976 ist er in Norwegen – es entstehen die Lofoten-Aquarelle –, von 1978 an in Nordamerika, 1980 und 1984 in Island, 1987 in Indien. In hervorragenden Publikationen mit eigenen Texten wurden die Ergebnisse dieser Reisen vorgestellt: aufsehenerregende, visionäre Eindrücke in Aquarellen und Skizzen. Es folgten die Veröffentlichungen der Pastelle, Aquarelle und Bilder aus dem Umfeld von Gelting, das 1978 zum ständigen Wohnsitz geworden war, später von der „Landschaft am Niederrhein und im Bergischen".

An den Lofoten- und Island-Aquarellen, den skizzierten und aquarellierten Landschaften aus Amerika wird deutlich, was Klaus Fußmann in der Landschaft sucht: es ist das Ursprüngliche. Die urtümliche, menschenleere Landschaft interessiert, künstlerisch, auch geologisch, meteorologisch.

„Hier ist Island rauh und wüst wie am Anfang der Erde: Blöcke von der Größe eines Warenhauses liegen umher, Geröllhalden aus kantigen Steinen schieben sich zur Küste, und zwischen den Gletschern beginnen die Wüsten aus Schutt und Asche. Das Gestein zeigt seine ursprüngliche Farbe. … Eine erstarrte Welt und – wenn sich der Wind gelegt hat – eine vollkommen stille Welt".

„Im Westen der Vereingten Staaten aber liegt die Erde bloß. Gebirge und Ebenen haben kaum Vegetation, die geologische Vergangenheit des Kontinents wird dadurch unvermittelt spürbar und sichtbar. … Das riesige Land verändert sich geologisch nur noch sehr langsam, so langsam, daß es scheint als wären alle Bezüge zu Zeit und Raum verloren… Ob man das malen kann: das Alter des Landes und die Weite, die kein Auge messen kann, dazu die bis tausendfünfhundert Meter tiefen Canyons? Das Aquarell ist nur eine versuchte Deutung des Landes. … Es sind Symbole aus dieser Landschaft – wenn Du schon einmal da warst, wirst Du sie erkennen."

Es wird vielleicht verständlich, warum sich Klaus Fußmann am äußersten Ende oder am Anfang Deutschlands, der „Landschaft im Norden", am Ostseestrand, wo die Landschaft noch ursprünglich ist, niedergelassen hat. Hier ist das Zuhause des Berliner Hochschulprofessors.

„Nur im Norden, an der Ostsee in Schleswig-Holstein, geht die Zeit lang hin, über Tage und Wochen. … Das Land ist hier flach und der Himmel weit offen. Die Dörfer tragen dänische Namen. Düstnishy heißt das Gebiet, die paar am Waldrand gelegenen Felder, wo ich mein Atelier habe und meine Bilder male. Im hellen und schräg einfallenden Licht des Nordens erinnert nichts mehr an die lauschigen Täler des Bergischen Landes. Stillstand der Zeit herrscht hier. Arbeit ohne Zwang. Kontakt ohne Termindruck. … Erst die Entfernung vom Treiben der Welt gibt uns jene Distanz, die eine radikale Schlußfolgerung möglich macht."

Bei Fußmann hat sich eine ganz bestimmte Art des Erfassens von Landschaft herausgebildet. Das Festhalten des Objekts geschieht mit einer fast unfaßbaren Geschwindigkeit: „Meine Malerei gleicht meinem flüchtigen Blick; ich male schnell. Denn nur im provisorischen

Arbeiten erschließt sich mir die fliehende Zeit." Das trifft für die Malerei Fußmanns allgemein zu, aber insbesondere für die Reiseskizzen, seine bildkünstlerischen Notizen.

Fußmann rechnete sich einmal dem „Somnambulen Realismus" zu. Von diesem Begriff ausgehend hat Werner Haftmann unter dem Titel „Augenblicke des Staunens" das Phänomen der Reiseskizzen des Künstlers analysiert (in Fußmann-Katalog 1987/88, Schleswig und Mainz/ ZDF). „Das Registrierende und das Somnambule ist eine Sache der Aufmerksamkeit nach zwei konvergierenden Richtungen hin. ... Seitdem Fußmann auf Reisen ging, hat er sich angewöhnt, eine Art visuelles Tagebuch anzuzeichnen – hunderte von Aquarellen in Geschwindschrift, die spontan aufleuchtende Eindrucksempfindungen festhalten wie Momentaufnahmen eines Vorübergehenden." Haftmann spricht von den „Momenten des betroffenen Staunens", „die sich unter der malenden Hand zu Visionen verklärten." Er bemerkt in Erinnerung an das Entstehensehen von zwei Blättern „vor dem gleichen Motiv, in der Frist von wenigen Minuten": „Es war das Aufleuchten einer Stimmung, die ihn in Bezug brachte zu einem auftauchenden, oft beiläufigen und nicht einmal typischen Motiv, die ihn für einen Moment anhalten und verweilen ließ."

Man könnte im positiven Sinn auch vom „Zeichenfieber" Fußmanns sprechen. „Nur im entschlossenen Zugriff kann ich das Rauschhafte mit ins Bild nehmen, denn würde ich Details addieren, wäre das Flüchtige der Erscheinung verloren und was ich eigentlich zeigen wollte, würde mir im längeren Malprozeß entgleiten. ... Mein Ziel ist es, das Zufällige darzustellen. Ich weiß vorher, es ist unfaßbar und ich werde es nie hereinholen. Mit der Annäherung an das zwar Sichtbare, doch Unhaltbare, an das Unscheinbare und Unwägbare wäre ich schon zufrieden. Nur in diesem Augenblick existiert die Erscheinung so, dann nie wieder."

Zu dieser Auffassung von Landschaftsmalerei gibt es eine Tradition. Pierre-Henri de Valenciennes (1750–1819), ein Schüler von Joseph Vernet, hat seine Gedanken in dem großangelegten, 1800 erschienenen Werk „Eléments de Perspective pratique ..." über das permanent Veränderliche, den beständigen Wandel im Landschaftlichen niedergelegt. „Wir haben ... die Beobachtung gemacht, daß die Wirkungen der Natur sich fast niemals gleichen zu den selben Augenblicken oder Zeiten. Diese Veränderungen hängen von einer Vielzahl von Umständen ab, wie etwa von der größeren oder geringeren Reinheit des Lichts, von der Menge des Wasserdampfes in der Atmosphäre, vom Wind, Regen, von der Höhe der Gegend, von den verschiedenen Reflexen der Wolken, die mit ihrer Farbe, ihrer Leichtigkeit oder ihrer Dichte zusammenhängen, endlich von einer unendlichen Zahl von Ursachen, die man unmöglich aufzeigen könnte. ... Was wir gesagt haben, muß als Begründung dafür genügen, warum es absurd ist für einen Künstler, einen ganzen Tag über dem Nachzeichnen einer einzigen Ansicht zu verbringen. ... Man muß sich vor allem darauf beschränken, nur die Haupttöne der Natur in der gewählten Wirkung so gut wie nur möglich nachzuahmen."

Und de Valenciennes kommt zu dem praktischen Hinweis: „Jede Studie nach der Natur muß unbedingt in der Zeit von höchstens zwei Stunden gemacht werden." Für einen Sonnenaufgang oder Sonnenuntergang „soll nicht mehr als eine halbe Stunde aufgewendet werden."

Diese Bemerkungen könnten, wenn auch nicht so dozierend lehrhaft, in der Zeit des Impressionismus geschrieben sein. Sicher haben sie einige Geltung für das Schaffen Klaus Fußmanns als Landschaftsmaler. Nicht ist die Rede von der Gestimmtheit, der Einstimmung des Künstlers.

Die Anfänge der abendländischen Landschaftskunst, wie wir sie kennen, die lange zusammen mit dem Stilleben und dem Genre am Ende der Wertskala der Kunstgattungen stand, sind in dem italienischen und noch mehr im niederländischen 16. Jahrhundert zu sehen, wenn schon nicht Dürers Aquarelle als Ausgangsposition begriffen werden können. Wir wissen von Gillis van Coninxloo, Asylant aus religiösen Gründen, zeitweise Emigrant in Frankenthal, der nach dem Verlust der Bilder biblischen Inhalts, dem Verlust der kirchlichen Aufträge zur puren Landschaft kam, das „Laub in die Bäume" brachte, wie es bei Karel van Mander heißt, und durch seine Naturauffassung die Landschaft bildwürdig machte. Erinnert sei an die Positionen der Holländer und Flamen, an Poussin und Lorrain, an die deutsche Romantik, an Caspar David Friedrich, an Constable und Turner, an den Siegeslauf der Landschaftsmalerei im 19. Jahrhundert, an Barbizon, an Courbet und Corot, den Realismus im

Landschaftsfach, an die französischen Impressionisten, an Cézanne, an die deutschen Impressionisten Liebermann, Corinth und Slevogt. 1925 stellte Fernand Léger lapidar fest: „Es gibt keine Landschaft mehr,kein Stilleben, kein Gesicht. … Die Landschaft ist an Staub zugrunde gegangen.“ Das Ende der Landschaftsmalerei?

In der „Entfernung der Natur“ (Oskar Bätschmann), in der Sehnsucht nach der verlorengehenden Natur und Landschaft, wird als der Grund für die Entstehung und Entwicklung der Landschaftskunst verstanden. Aber die Liebe zu Natur und Landschaft, aus welchen Gründen immer, blieb der wesentliche Impuls. Schon Salomon Gessner beklagte 1756 in der Vorrede zu seinen „Idyllen“ die „unglückliche Entfernung von der Natur“. Die Gefährdung und Zerstörung von Natur und Landschaft seit dem Industriezeitalter bis zur Gegenwart trug zweifellos zum Wiederaufleben der Landschaftsmalerei bei.

Landschaftsmalerei war häufig mit dem Gedanken vom irdischen Paradies und mit religiösen Vorstellungen verbunden. Der Arzt und Maler Carl Gustav Carus trug in seinen berühmten „Neun Briefen über die Landschaftsmalerei“, mit einer Einleitung Goethes 1831 erschienen, die Gedankenwelt seines Freundes Caspar David Friedrichs vor. Der Maler sollte „nicht ohne Ehrfurcht, ja nicht ohne Andacht“, „nicht ohne andächtiges Naturempfinden“ vor die Landschaft treten. Auch John Constable äußerte etwa zur selben Zeit, 1836: „Der Landschaftsmaler muß mit demütigem Geist durch die Felder wandern. Keinem arroganten Mann war es je erlaubt, die Natur in all ihrer Schönheit zu sehen.“ Carus/Friedrich sahen als eine der Hauptaufgaben landschaftlicher Kunst „die Darstellung einer gewissen Stimmung des Gemütslebens durch die Nachbildung einer entsprechenden Stimmung des Naturlebens“. Wenn diese romantische Gedankenwelt auch schon lange nicht mehr trägt, so hat die existentielle Einsamkeit, haben die Zeit und Raum übergreifenden Sinnbilder der Vergänglichkeit im Werk Caspar David Friedrichs einen Tiefen Eindruck bei Fußmann hinterlassen.

In der Landschaftsmalerei, in seinem ungestümen Farbauftrag steht Fußmann den Malern Constable und Corinth nahe, dem romantisch-realistischen Constable, der sich so intensiv mit dem Malen der Himmelszone und Wolkenstudien beschäftigte, und dem „ekstatischen Impressionisten“ Corinth (Werner Haftmann). In der Schnelligkeit des Bilderfassens, in der Flüchtigkeit des zupackenden Augenblicks ist Fußmann zweifellos den Impressionisten verwandt. Auch Slevogt ging das rasche Festhalten einer Landschaft in ihrer momentanen Erscheinung an. Mit impressionistischen Mitteln hielt er das atmosphärisch-dramatische Geschehen und damit eine Überhöhung des Landschaftserlebens fest. Fußmann hingegen sucht aus der sich ständig verändernden Situation, aus dem sich verflüchtenden Augenblick, aus dem Strom der Veränderungen – „Immer verschiebt sich etwas in der Natur“ – stimmungsmäßig und eingestimmt die Landschaft an sich zu packen. Das gilt für die Gemälde wie für die auf den Reisen entstehenden Bildern, und es geschieht oft mit einer geradezu unheimlichen Sicherheit.

Deutsche Landschaften: Landschaftliche Skizzen und Bilder sind in Gelting, am Wohnort Berlin, im brandenburgischen Umfeld, erneut wieder im heimatlich Bergischen Land und bei oft besuchten Freunden in der Oberpfalz und am Chiemsee entstanden. 1986 zeigte die Münsteraner Galerie Steinrötter dieses Schaffen unter dem Titel „Skizzen aus Deutschland“. Vielleicht ist sich Klaus Fußmann damals erst recht bewußt geworden, neben dem „Norden“, ein Maler der deutschen Landschaft zu sein.

Im Anschluß an die Kunstmesse in Düsseldorf vom Oktober 1995 kam Klaus Fußmann in die Pfalz, fuhr die Weinstraße entlang zwischen Bad Dürkheim und Leinsweiler/Neukastel in der Südpfalz, wo Slevogt sein Zuhause gefunden hatte, und skizzierte tags darauf einige Aquarelle, die der Verfasser des vorliegenden Katalogbeitrags dem Bundeskanzler zeigen konnte. Der Bundeskanzler entschied, von diesem Maler, von dem schon zwei Blumenstilleben ins Kanzleramt gelangt waren, im Hinblick auf die Wiedervereinigung eine Ausstellung vorzubereiten, wenn alle Bundesländer mit Bildern vertreten sein könnten. Klaus Fußmann gab die Zusage, eine solche Ausstellung in Jahresfrist zustande zu bringen. Es fehlten ihm die Länder Baden-Württemberg, Bremen, Hamburg, Hessen, Sachsen, Sachsen-Anhalt, das Saarland und Thüringen. Die Bilder aus diesen Bereichen hat der Künstler vom Frühjahr bis in den Sommer 1996 geschaffen.

Oft sind diese Blätter mit Bleistift, Buntstift,Kohle, Bister oder Tusche angelegt und dann ist darüber aquarelliert. Man kann manchmal im Zweifel sein, ob sie nun als Aquarelle oder Zeichnungen angesprochen werden müssen. Das reine Aquarell findet sich weniger. Auch im Pastell findet der Künstler das geeignete Ausdrucksmittel. Ölskizzen oder gar Ölbilder betreffen nur Regionen, in denen Fußmann schon früher gemalt hat.

Die Anordnung der Bilder im Katalogbuch wie in der Ausstellung geht von Berlin aus, führt dann konsequent von Norden nach dem Süden, jeweils von Westen nach dem Osten. Die Bundeshauptstadt Berlin, mit der die wiedergewonnene Einheit Deutschlands manifestiert ist, steht am Anfang, zieht mit dem großformatigen Ölgemälde „Blick vom Europa-Center", 1980, die Aufmerksamkeit gleich beim räumlichen Anfang der Ausstellung im Bundeskanzleramt auf sich: der Blick auf die Gedächtniskirche am Schnittpunkt des Kurfürstendamms und der Tauentzienstraße, über die Häuserblöcke hinweg bis an den Horizont. Vom Thema her könnte man an Stadtveduten und Panorama-Bilder der Vergangenheit, natürlich auch an Kokoschka denken. Aber was hat Klaus Fußmann daraus gemacht: eine groß angelegte Stadtlandschaft, ein Winterbild mit fahl verhangenem, düster drückendem Himmel, in grauer Farbigkeit, die sich dem Hintergrund zu in rötlich-grauem Dunst des Häusermeeres verliert. Der Betrachter wird in die Stimmung dieses schneeigen Wintertags einer Großstadt hineingenommen.

Naturgemäß sind viele Bilder, auch einige Ölbilder, von Schleswig-Holstein, aus der unmittelbaren Umgebung des Fußmannschen Wohnsitzes in Gelting dabei. Diese Landschaft in ihrer Ursprünglichkeit und Abgelegenheit, an der Meeresgrenze und doch auch wieder im übergreifenden Länderbereich, hat es Klaus Fußmann angetan. „Hier oben, ins nördlichste Schleswig-Holstein hat es uns durch Freunde verschlagen. … Im Grunde ist es ein Oase." Er wird nicht müde, dieses ruhige und auch wieder stürmische Land an der Küste, diese gelb aufleuchtenden Rapsfelder, diese Felder zwischen den Hecken und Wegen, diese Bäume und Waldstücke unter einem hohen Himmel festzuhalten, zu allen Jahres- und Tageszeiten. Das Meer wird seltener zum Bild-Vorwurf. Das Aquarell mit den aufspritzenden Wellen über dem dunkeltintigen Meer ist bereits 1981 auf Sylt gemalt. Viele der ausgestellten Arbeiten gehören den 90er Jahren an, die meisten den Jahren 94 und 95.

Bei Niedersachsen hat sich der Künstler zunächst an die Landschaft um den Brocken gehalten,an die Ländlichkeit dieser weiten norddeutschen Region. Besonders interessierte er sich für Mecklenburg-Vorpommern, für die Insel Rügen. Niemand kann sich der Erinnerung erwehren, daß die Kreidefelsen von Rügen seit Caspar David Friedrich und seinem „andächtigen Naturempfinden" romantisch und sehr deutsch betrachtet werden. Der Maler geht hier das Motiv vom Strand her an, in seinem Aquarell und in einer aquarellierten Farbstiftzeichnung weiß er den kreidigen Felskeil zwischen Himmel und Meer malerisch einzuschieben. Der Strand ist mit einigen Leuten belebt. Am eindrucksvollsten wohl das Aquarell mit den Steinen am hellen Ufer, den beiden, wie knappe Signale in Weiß wirkenden Seglern zwischen den beiden Blaus von Himmel und Meer.

Das Berlin umgreifende Brandenburg ist Fußmann in den letzten Jahren eine Entdeckung wert gewesen. Wieder schlichte Landschaften: Dorfstraßen, Alleen, Ortsdurchfahrten, auch in unwirtlich, winterlicher Atmosphäre. Daneben einige wenige Blätter vom Park in Potsdam und vom Kloster Chorin. Kahle Bäume durchgittern die Bilder. Bei Sachsen-Anhalt liegt es anders. Dort hinterließen die kirchlichen Bauten einen starken Eindruck: zeichnerisch Dom und die Klosterkirche Unser Lieben Frauen in Magdeburg; der Blick auf Quedlinburg und die dortige Stiftskirche haben ihm intensiv farbige Aquarelle abgefordert. Und wieder Landschaften.

Von Nordrhein-Westfalen, dem Herkunftsland des Künstlers, werden, ähnlich wie bei Schleswig-Holstein, über zwanzig Bilder gezeigt, darunter vier Bilder aus den Jahren 1952 und 1954, als Klaus Fußmann mit vierzehn bzw. sechzehn Jahren mit dem Malen begann; die meisten dieser Landschaften sind 1994 entstanden, einige auch als Ölskizzen. Zumeist scheinen es wieder zufällige Motive. Dabei aber auch die Aquarelle mit der Rheinbrücke bei Duisburg und den Rhein mit der im morgendlichen Frühnebel liegenden Silhouette von Emmrich. Bei allem lokalen, augenblicklichen Bezug sind diese Landschaften doch ins Allgemeine gerückt. In Hessen hat Fußmann 1996 vor allem die Rhönlandschaft, die Landschaft um die Wasserkuppe in Aquarellen über Zeichnungen festgehalten. Alleine steht das mit Deckweiß überarbeitete, schwarzfarbige Aquarell vom Domplatz in Fulda und der Michaelskapelle.

In Thüringen sah er Goethes Gartenhaus im Park von Weimar, die Wartburg, und von dort eine Aussicht nach Eisenach, die Skulptur des Schlafenden Kaisers im Kyffhäuser und aquarellierte und pastellierte Landschaften bei Nordhausen, sowie auch die Altstadt von Nordhausen. Thüringen, ein zentrales Land unserer Kultur- und Geistesgeschichte, faszinierte den Künstler. Die Reise durch Deutschland führte 1996 weiter nach Sachsen, führte nach Dresden, wo er die bekannte Ansicht der Stadt über der Elbe mit Hofkirche und Semperoper einmal von Südosten aus notierte. Auch Meissen und die Landschaft bei der Festung Königstein nahm er in sein Bild-Reisetagebuch auf. Und wieder interessierte ihn die einfache Landschaft: Gehöfte, Felder und Wege.

Unter den 1996 entstandenen Blättern aus dem Saarland befindet sich der Blick auf die Saarschleife in zwei rasch hintereinander geschaffenen Aquarellen, etwa vom selben Standort aus gesehen, bei sich veränderndem Lichteinfall. Wenn man sich an die Statik der „Ansichten" dieses bekannten Motivs bei zahlreichen Künstlern erinnert, wird die Unmittelbarkeit, der mögliche Zeitsprung von Fußmanns Erfassung bewußt. Dabei auch die knapp grau-violett aquarellierte Buntstiftzeichnung vom Rest des Otzenhausen-Ringwalls, des sog. Hunnenrings, einer vorgeschichtlichen Bergbefestigung: noch winterliche Bäume über herumliegenden Steinbrocken. Und wieder Ortsdurchfahrten.

Wie schon angesprochen, besuchte Klaus Fußmann im Herbst 95 die südliche Pfalz. Die meisten Blätter hat er um die „Villa Ludwigshöhe", dem ehemaligen Schloß des Bayernkönigs Ludwig I. gemalt, mit Blick auf das Dorf Rhodt, nach Weyher, Burrweiler, die Rheinebene: Aquarell-Visionen der herbstlichen Landschaft. Im Frühjahr 96 wurde die Reihe der pfälzischen Landschaften mit Pastellen um Leinsweiler, Neukastel-Slevogthof und Wollmesheim fortgeführt. Den Mittelrhein hielt Fußmann in zwei aquarellierten Zeichnungen fest, so die „Pfalz bei Kaub". Beim Besuch Heidelbergs im Frühjahr 96, beim Spaziergang auf dem Philosophenweg fand Fußmann den Blick zum Schloß hinüber natürlich schön, aber er wollte ihn nicht künstlerisch angehen. „Das kann ich nicht". Und doch malte er schließlich seine „Ansicht" von der Stadt am Neckar mit dem Schloß am jenseitigen Berghang: ein lebendiges, das Wesentliche erfassende, intensiv farbige Aquarell über einer Buntstiftzeichnung. Baden-Württemberg ist weiterhin mit den Blättern vom Schwäbischen Meer, dem Bodensee, von der Reichenau, von St. Georg in Oberzell vertreten. Es sind mit die letzten Arbeiten für die Ausstellung gewesen.

Aufenthalte bei Freunden im Oberfränkischen, in Buchau, führten in den Jahren 89, 93, 95, 96 zu Farbstiftzeichnungen und Aquarellen mit Deckweiß über Zeichnungen: Blicke über das fränkische Hügelland, auch während der winterlichen Zeit. Skizzenhafte bayerische Winterlandschaften sind auch im Chiemgau und am Königssee entstanden. Bayern einmal ganz anders: privateste künstlerische Notizen, die das eigentliche Wollen offenlegen.

Wir sehen mit Fußmann die Vielfalt der deutschen Landschaften, aber auch, durch das Temperament eines Künstlers, ihre Einheit. Die Bilder dieser Ausstellung sind ein Bekenntnis des Malers zur deutschen, zur heimatlichen Landschaft, auch im Hinblick auf die deutsche Wiedervereinigung.

Fußmann hat, neben und mit seiner Landschaftsmalerei, mit seinen Skizzen und Bildern aus Deutschland, den sechzehn deutschen Bundesländern, die deutsche Landschaft für sich und uns neu entdeckt. Man könnte ihn einen Wiederentdecker der deutschen Landschaft nennen. Er weiß der Umwelt ein traditionsverbundenes und zugleich neues Sehen, eine neue Sicht zu entreißen, eine unverbrauchte Bildwelt vor Augen zu führen. Das ist wohl das Geheimnis seiner Bilder und seiner Erfolge mit diesen Bildern.

Und es ist keine Spur von Staub zu entdecken, an der seine Landschaftskunst zugrunde gehen könnte.

Berthold Roland

Berlin

2. Wannsee, Herbstnebel
Aquarell, 1978
30 x 41 cm
Signiert unten rechts: „B. 13. 9. 78 Fußmann“

3. Blick auf den Kurfürstendamm
(vom Europa-Center)
Öl auf Leinwand, 1980
170 x 250 cm
Signiert unten rechts: „Fußmann 1980 Berlin“

4. Blick auf Charlottenburg (vom Funkturm)
Öl auf Leinwand, 1979
120 x 150 cm
Signiert oben rechts: „Fußmann“

5. Berlin, Mitte (vom Fernsehturm)
Öl auf Leinwand, 1993
190 x 200 cm
Signiert unten rechts: „Fußmann Berlin 93“

6. Blick auf das Brandenburger Tor
(vom Reichstag)
Öl auf Leinwand, 1992
100 x 100 cm
Signiert unten rechts: „Berlin, Fußmann 92"

Schleswig-Holstein

Eine Reise durch die Zeit

Man glaubt, über den Rand der Erdkugel hinausschauen zu können, wie es ein alter Holzschnitt des 16. Jahrhunderts zeigt: Der allerfernste Raum noch scheint sich dem Auge zu öffnen, und aus der Tiefe und Ferne erfolgt so etwas wie eine suggestive, fast hypnotische Rückwirkung. Man kann den Blick nicht abwenden: Hier rechnet die Zeit in Äonen.

Die Natur führt uns in Schleswig-Holstein erstaunliche Seiten vor. Ich erinnere mich, von einer Lesung in Flensburg heimfahrend, an eine Sommernacht mit grellem Mondschein und klarem Himmel. Über den Wiesen beidseits der Landstraße lagerten flache Nebelbänke, ein geteiltes Meer von Watte, aus dem die Schädel der Kühe ragten: Götterbilder von einem fremden Planeten. Ein Anblick, wundersam, nicht ganz geheuer. Spukland? Spökenkiekerland? Im Nebel oder unter anderen Voraussetzungen geht hier noch manches um, was sich unsere Schulweisheit nur zu gerne wieder träumen ließe. Unvergessen das Gespräch mit einer Journalistin, die von der Ausfahrt mit einem alten Krabbenfischer erzählte, wie zurückhaltend er von seinen einsamen Touren berichtet habe und was ihm da an Erscheinungen zugestoßen sei. Von ihrer Seite fiel, da sie davon sprach, kein Spottwort, auch bei den Zuhörern nicht, und es war auch kein Anlaß dafür.

Für „vom Großhirn unkontrollierte Visualisierungen innerer Bilder“ (wie der Wissenschaftler sagt) bietet wohl der dämmrige Norden bessere Gelegenheiten als die klare Helle südlicher Gefilde. Man kann sich vorstellen, wie umfassend die Abgeschiedenheit hier noch vor sechzig, siebzig Jahren gewesen sein muß, als die verstreuten Siedlungen nur durch Ochsenwege miteinander verbunden waren. Dazu die endlosen Nächte, im immer viel zu frühen Herbst beginnend, die für ein paar Stunden so tun, als gäben sie dem Tag eine Chance. Doch schon am Nachmittag beginnt die Umwelt sich erneut zu verdunkeln, und es dauert nicht lange, dann meint man, die Fensterscheiben seien von außen mit schwarzer Ölfarbe zugestrichen. Oder der Wind, sich häufig mitten in der Nacht zum Sturm steigernd, klappert mit losen Dachziegeln. Man würde näher ans flackernde Herdfeuer rücken, wäre es nicht durch den Schein des Fernsehers ersetzt und die echten Gespenster ihren billigen Nachfahren aus Videokassetten gewichen. Die heimlichen Befürchtungen gelten nicht mehr den Wiedergängern, jenen ob ihrer bösen Taten zum nächtlichen Wandeln verfluchten Toten (die man ins Moor warf, um sie an der Rückkehr zu hindern), sondern dem schrumpfenden Sparkonto, der Umweltzerstörung, dem gefährdeten Arbeitsplatz. Denn Schleswig-Holstein ist arm, es gibt immer weniger Arbeit, und die nach außen intakte Welt hat viele kaum zu bewältigende Probleme. Eines davon ist der biologische Tod der Nordsee: Folge einer Industriezivilisation, die keine Schonräume mehr kennt.

Was wäre gewesen, wenn … Wenn sich aus irgendwelchen Gründen die agrarische Gesellschaft erhalten hätte? Wir hätten gewiß weniger Freiheiten oder gar keine. Wir bauten unseren Kohl und brächten ihn auf die Märkte, die noch heute in den kleinen Städten abgehalten werden und eine Ahnung von dem vermitteln, was sie einst bedeutet haben: zentrale Punkte für Kommunikation, für den Austausch nicht nur von Waren, sondern von Neuigkeiten, Gerüchten, Geschwätz, Gedanken.

Auf dem schräg abfallenden, holprig gepflasterten Marktplatz in Mölln wäre man vielleicht einer Berühmtheit begegnet: Till Eulenspiegel, der das Publikum auf seine Weise narrte – menschenfreundlicher als die meisten unserer Zeitgenossen. Sein letzter Streich besteht in seiner „Hinterlassenschaft“, einer Grabplatte, die ihn im Schellenrock mit Eule und Spiegel zeigt. Der Stein gibt als Jahr seines Todes 1350 an, obwohl er nach den Schriftzeichen aus dem 16. Jahrhundert stammt: Ein Denkmal, das täuschend echt etwas vorgibt, was gar nicht sein kann. Ein Gleichnis dafür, wie leicht man sich betrügen läßt. Am leichtesten mit dem Schein der Wahrheit.

Günter Kunert

7. Ostsee bei Kronsgaard
Aquarell, 1994
42 x 56 cm
Signiert unten rechts: „Fußmann G. 94“

8. Raps bei Kappeln
Aquarell und Bleistift, 1984
42 x 56 cm
Signiert unten rechts: „G. 84 Fu.“

9. Angler Landschaft bei Gelting
Öl auf Papier, 1991
42 x 56 cm
Signiert unten rechts: „Fu 91“

10. Blick auf Schwabstedt
Bleistift, Aquarell und Gouache, 1988
42 x 56 cm
Signiert unten: „April 88 Fu. Schwabstedt“

11. Bei der Arlauschleuse
Bleistift, Aquarell und Gouache, 1988
42 x 56 cm
Signiert unten rechts: „bei d. Arlauschleuse Fu 7.3.88“

12. Blick auf Hattstedt
Bleistift und Aquarell, 1999
42 x 55,5 cm
Signiert unten: „Blick auf Hattstedt Fu April 88“

13. Raps bei Eckernförde
Pastell, 1989
42 x 55 cm
Signiert unten: „Fu G. 89“

14. Blick auf Schwabstedt, Frühjahr
Bleistift, Aquarell und Gouache, 1988
42 x 56 cm
Signiert unten rechts: „Fu 88 Blick auf Schwabstedt“

15. Rapsfelder bei Pinky
Pastell, 1995
42 x 56 cm
Signiert unten rechts: „Fußmann G. 95“

16. Nordsee, abends
Aquarell, 1992
42 x 56 cm
Signiert unten rechts: „Fußmann S. 92“

17. Sylt (abends)
Gouache und Aquarell, 1991
42 x 56 cm
Signiert unten rechts: „Fußmann S. 91“

18. Ostsee mit Badenden
Buntstift, 1990
30 x 40 cm
Signiert unten rechts: „Fu G. 90“

19. Sylt
Aquarell, 1985
30,5 x 40 cm
Signiert unten rechts: „2.9.85 Fu Sylt“

20. Ostsee, 30.8.79
Aquarell
29,8 x 40 cm
Signiert unten rechts: „Gelting Fußmann 30.8.79“

21. Raps bei Kattrott (Angeln)
Pastell, 1994
29,5 x 41 cm
Signiert unten rechts: „G. 94 Fußmann“

22. Rapsfeld bei Düttebüll
Pastell, 1995
42 x 56 cm
Signiert unten rechts: „Fußmann 95“

23. Beveroe, auf der Birk (an der Schäferkate)
Aquarell, 1985
42 x 54 cm
Signiert unten rechts: „Gelting 11.7.85 Fußmann“

24.

25. Raps bei Kattrott
Pastell, 1995
42 x 56 cm
Signiert unten rechts: „Fußmann G. 95“

24. Beveroe
Öl auf Leinwand, 1982
125 x 125 cm
Signiert unten rechts: „Fußmann 82“

26. Felder bei Düttebüll
Pastell, 1992
42 x 56 cm
Signiert unten rechts: „Fußmann 92“

27. Düstnishy
Öl auf Leinwand, 1990
110 x 100 cm
Signiert unten rechts: „Fußmann 90“

27.

28. Landschaft bei Osterholz (Frühjahr)
Aquarell, 1995
42 x 56 cm
Signiert unten rechts: „G. 95 Fußmann"

29. Frühjahr, bei Steinbergkirche
Pastell, 1996
42 x 56 cm
Signiert unten rechts: „27.4.96 Gelting Fußmann“

30. Herbst in Gammellück
Pastell, 1991
42 x 56 cm
Signiert unten rechts: „Fu 91“

Bremen

31. Bremen, Dom
Blaustift, Gouache und Aquarell, 1996
42 x 56 cm
Signiert unten rechts: „Fußmann Bremen 96“

32. Bei der Weserburg
Aquarell/Gouache, 1996
42 x 56 cm
Signiert unten rechts: „96 Bremen Fußmann“

33. Bremen, Markt
Aquarell und Gouache, 1996
42 x 56 cm
Signiert unten rechts: „Fußmann Bremen 96“

Hamburg

34. Außenalster
Aquarell und Gouache, 1996
42 x 56 cm
Signiert unten Mitte: „Hamburg Fußmann 96"

35. Außenalster II
Aquarell und Gouache, 1996
42 x 56 cm
Signiert unten: „96 Fußmann Hamburg 96“

36. Hafen
Pastell, 1996
42 x 56 cm
Signiert unten rechts: „Fußmann 96“

Niedersachsen

37. Landschaft bei Jerxheim
Aquarell, 1996
22,5 x 31 cm
Signiert unten links: „Fu Jerxheim 96“

38. Blick auf den Brocken vom Heeseberg
Aquarell und Buntstift, 1996
42 x 56 cm
Signiert unten rechts:
„Blick auf den Brocken vom Heeseberg Fußmann 96“

39. Blick auf Jerxheim
Aquarell und Kohle, 1996
42 x 56 cm
Signiert unten rechts: „Blick auf Jerxheim Fußmann 96“

40. Abendlandschaft mit Ballon bei Verden
Pastell, 1996
42 x 56 cm
Signiert: „4.8.96 Fußmann“

41. Landschaft bei Emden
Pastell, 1996
42 x 56 cm
Signiert unten rechts: „Bei Emden Fußmann 96“

42. Die Kirche von Suurhusen
Pastell, 1996
42 x 56 cm
Signiert unten rechts: „Kirche v. Suurhusen Fußmann 96“

43. Landschaft bei Riepe
Pastell, 1996
42 x 56 cm
Signiert unten rechts: „bei Riepe Fußmann 96“

44. Oldenburg, Schloßgarten
Aquarell und Gouache, 1996
42 x 56 cm
Signiert unten rechts: „Schloßpark 96 Oldenburg Fußmann“

45. Der Pulverturm in Oldenburg
Aquarell und Gouache, 1996
42 x 56 cm
Signiert unten rechts: „Fußmann 96 Oldenburg Pulverturm“

Mecklenburg-Vorpommern

46. Strand auf Rügen
Bleistift und Aquarell, 1994
30 x 40 cm
Signiert unten Mitte:
„Fußmann“, und unten rechts: „Rügen 84“

47. Rügen
Buntstift und Aquarell, 1994
42 x 56 cm
Signiert unten rechts: „Rügen 94 Fußmann“

48. Rügen
Bleistift und Aquarell, 1994
42 x 56 cm
Signiert unten Mitte: „Rügen 94 Fußmann“

49. Rügen, Strand mit Menschen
Aquarell, 1994
42 x 56 cm
Signiert unten rechts: „Rügen Fußmann 94“

50. Rügen, Wanderer am Strand
Bleistift, 1994
42 x 56 cm
Signiert unten rechts: „Rügen Fußmann 22.9.94“

51. Rügen
Bleistift und Aquarell, 1994
44 x 58 cm
Signiert unten Mitte: „Rügen 94 Fußmann“

52. Die Müritz bei Zielow
Pastell, 1996
42 x 56 cm
Signiert unten rechts: „Müritz Fußmann 96“

53. Blick auf Müritzsee
1996
30 x 40 cm
Signiert unten links: „Müritz 96 Fußmann“

54. Müritzsee bei Zielow mit Blick auf Rechlin
1996
42 x 56 cm
Signiert unten rechts:
„Müritz bei Rechlin Fußmann Zielow 96“

55. Bei Waren
1996
30 x 40 cm
Signiert unten rechts: „bei Waren Fußmann 96“

56. Häuser bei Kambs
Pastell, 1996
42 x 54 cm
Signiert unten rechts: „Fußmann Karbow Kam bei Kambs 96“

57. Landschaft bei Zielow
Pastell, 1996
42 x 56 cm
Signiert unten rechts: „Zielow Müritz Fußmann 96“

Brandenburg

58. Haus in Kerzendorf
Pastell, 1994
42 x 56 cm
Signiert unten rechts:
„94 Kerzendorf Fußmann“

59. Potsdam, Park
Bleistift und Aquarell, 1995
42 x 56 cm
Signiert unten rechts:
„22.11.95 Potsdam Fußmann“

60. Potsdam, Orangerie
Tusche und Aquarell, 1995
42 x 56 cm
Signiert unten rechts:
„Fußmann 21.11.1995 Potsdam“

61. Sanssouci, Die Neuen Kammern
Bleistift und Aquarell, 1995
42 x 56 cm
Signiert unten Mitte: „Fußmann Potsdam 95“

62. Blick auf Schwante
Tusche und Deckweiß, 1993
42 x 56 cm
Signiert unten rechts:
„21.2. Blick a. Schwante Fu 93“

63. Blick auf Schwante und Vehlefanz
Pastell, 1994
42 x 56 cm
Signiert unten rechts:
„94 Fußmann Blick a. Schwante“

64. Blick auf Vehlefanz und Schwante
Blaustift, Aquarell und Deckweiß, 1994
42 x 56 cm
Signiert unten rechts:
„94 Feb. Fußmann Blick Schwante“

65. Großziethen (bei Kremmen)
Bleistift und Aquarell, 1995
42 x 56 cm
Signiert unten: „Großziethen Fußmann 95“

66. Großziethen (bei Kremmen)
Bleistift und Aquarell, 1995
42 x 56 cm
Signiert unten rechts:
„Fußmann Groß Ziethen 95 März“

67. Schneefall in Großbeeren
Pastell, 1994
42 x 56 cm
Signiert unten rechts:
„Großbeeren Fußmann Febr. 94 N.“

68. Landschaft bei Staffelde
Aquarell, 1994
42 x 56 cm
Signiert unten rechts:
„bei Staffelde 15.2.94 Fußmann“

69. Britz
Kohle und Deckweiß, 1994
42 x 56 cm
Signiert unten rechts:
„Fußmann 20.2.94 Britz“

70. Straße in Großziethen (bei Kremmen),
Bleistift und Aquarell, 1995
42 x 56 cm
Signiert unten rechts:
„Groß Ziethen 5.3.95 Fußmann“

71. Blick auf Grünfeld
Blaustift und Aquarell, 1995
42 x 56 cm
Signiert unten rechts:
„Blick auf Grünfeld 6.3.95 Fußmann“

72. Bei Herzfelde
Tusche und Aquarell, 1994
42 x 56 cm
Signiert unten rechts:
„bei Herzfelde Fußmann 94“

73. Kerzendorf
Bleistift und Aquarell, 1994
42 x 56 cm
Signiert unten rechts:
„Fußmann 94 Kerzendorf“

74. Landschaft bei Herzfelde
Tusche und Aquarell, 1994
42 x 56 cm
Signiert unten rechts: „Herzfelde Fu 94“

75. Blick auf Sommerfeld
Buntstift und Aquarell, 1994
42 x 56 cm
Signiert unten Mitte:
„Fußmann 94 Sommerfeld“

76. Dorf Beetz
Buntstift und Aquarell, 1994
42 x 56 cm
Signiert unten rechts: „94 Fußmann“

77. Fredersdorf
Bleistift und Aquarell, 1994
42 x 56 cm
Signiert unten rechts:
„März 94 Fußmann Fredersdorf“

78. Kremmen
Buntstift und Aquarell, 1994
42 x 56 cm
Signiert unten rechts:
„18.2.94 Kremmen Fußmann“

79. Kloster Chorin
Buntstift, Tusche Aquarell und Deckweiß, 1994
42 x 56 cm
Signiert unten rechts: „94 Feb. Fußmann“

80. Kloster Chorin
Bleistift, Tusche, Aquarell und Deckweiß, 1994
42 x 56 cm
Signiert unten rechts: „94 Fu Chorin“

81. Fredersdorf
Kohle und Aquarell, 1994
42 x 56 cm
Signiert unten rechts:
„Fußmann Fredersdorf 94“

82. Fredersdorf
Tusche und Aquarell, 1994
42 x 56 cm
Signiert unten rechts:
„94 Fußmann Fredersdorf“

83. Staffelde
Buntstift und Aquarell, 1994
42 x 56 cm
Signiert unten rechts:
„Staffelde 94 Fußmann“

Sachsen-Anhalt

84. Magdeburg, Dom
Kohle, 1996
42 x 56 cm
Signiert unten rechts:
„19.6.96 Fußmann Magdeburg Dom“

85. Magdeburg, Dom
Kohle, 1996
42 x 56 cm
Signiert unten rechts:
„20.6.96 Fu Dom Magdeburg“

86. Magdeburg mit Dom
Buntstift und Aquarell, 1996
42 x 56 cm
Signiert unten rechts:
„Magdeburg 96 Fußmann“

87. Magdeburg, Klosterkirche
Unser Lieben Frauen
Kohle, 1996
30 x 40 cm
Signiert unten rechts: „Fußmann Kloster
Unser Lieben Frauen 96 Magdeburg“

88. Magdeburg, Klosterkirche
Unser Lieben Frauen
Kreidestift und Aquarell, 1996
30 x 40 cm
Signiert unten rechts: „Fu Magdeburg 96“

89. Magdeburg, Klosterkirche Unser Lieben Frauen
Kohle, 1996
42 x 56 cm
Signiert unten rechts:
„zum Kloster u. Lieben Frauen 96 Fußmann Magdeburg“

90. Blick auf Ohrsleben
Pastell, 1996
42 x 56 cm
Signiert unten rechts:
„Blick a. Ohrsleben Fußmann 96“

91. Blick auf Quedlinburg
Kohle und Aquarell, 1996
42 x 56 cm
Signiert unten rechts:
„Fußmann 96 Quedlinburg“

92. Quedlinburg
Kohle und Aquarell
42 x 56 cm
Signiert unten rechts:
„Quedlinburg Fußmann 96“

93. Quedlinburg Stiftskirche
Bister, Kohle und Aquarell, 1996
42 x 56 cm
Signiert unten rechts:
„Fußmann 96 Quedlinburg“

94. Bei Elend, Blick auf den Brocken
Buntstift und Aquarell, 1996
29 x 41 cm
Signiert unten rechts:
„Elend Blick auf den Brocken Fußmann 96“

Nordrhein-Westfalen

95. Rhein bei Vynen
Pastell, 1994
42,5 x 55 cm
Signiert unten rechts:
N.R. 94 Fußmann

96. Schlammteich mit Blick auf Tönisheide
Tempera auf Plakatkarton, 1952
49 x 65 cm
Signiert unten rechts: „Fußmann 52“

97. Bei Heiligenhaus
Tempera, 1952
48 x 63,5 cm
Signiert unten rechts: „Fußmann 52“

98. Weiden bei Angermühle
Öl auf Packpapier, 1954
67 x 85 cm
Signiert unten rechts:
„Fußmann 1954/87“

99. Blick auf Kettwig
Öl auf Leinwand, 1994
28 x 30 cm
Signiert unten rechts: „Fu 94“

100. Blick auf Velbert
Öl auf Pappdeckel, 1994
20,5 x 40 cm
Signiert unten rechts: „94 Fußmann“

101. Scheune bei Bibelskirch
Tusche, 1994
29,5 x 40,5 cm
Signiert unten rechts:
„Febr. 1994 Bibelskirch Fußmann“

102. Feld mit Telegrafenmast bei Heidhausen
Öl auf Leinwand, 1994
28 x 30 cm
Signiert unten: „94 Fußmann“

103. Fachwerkhaus bei Absküche
Öl auf Leinwand, 1994
30 x 29 cm
Signiert unten rechts: „94 Fu“

105. Frühjahr, Dönberg
Aquarell, 1994
42 x 55,5 cm
Signiert unten rechts:
„Dönberg März 94 Fußmann“

104. Fachwerkhaus mit Baum in den Birten
Öl auf Leinwand, 1994
30 x 28 cm
Signiert unten rechts: „94 Fußmann“

106. Fachwerkhaus in Tönisheide
Tusche, Aquarell und Gouache, 1994
42 x 55 cm
Signiert unten rechts:
„Feb. 94 Tönisheide Fußmann“

107. Buchen an der Bleibergquelle
Pastell, 1994
42 x 55,5 cm
Signiert unten rechts:
„Bleiberg 94 Fußmann“

108. Landschaft bei Absküche
Öl auf Malpappe, 1994
43 x 56 cm
Signiert unten rechts:
„94 Fußmann Absküche“

109. Landschaft bei Hösel
Öl auf Leinwand, 1994
30 x 40 cm
Signiert unten rechts: „94 Fußmann“

110. Wald im Kuhlendal
Öl auf Leinwand, 1994
30 x 40 cm
Signiert unten rechts: „94 Fußmann“

111. Landschaft bei Ginderich
Öl auf Leinwand, 1994
28,5 x 30 cm
Signiert unten rechts: „Fu NR 94“

112. Rheinarm bei Hombroich
Öl auf Leinwand, 1994
25 x 30 cm
Rückseitig signiert: „Fußmann 94“

113. Rhein bei Wesel
Pastell, 1994
42,5 x 55,5 cm
Signiert unten rechts:
„N.R. 94 Fußmann“

114. Emmerich
Buntstift, Aquarell und Gouache, 1994
46 x 61 cm
Signiert unten rechts:
„Emmrich 94 Fußmann“

115. Rheinbrücke bei Duisburg
Bleistift, Buntstift und Aquarell, 1994
42 x 55,5 cm
Signiert unten rechts:
„Fußmann bei Duisburg 26.2.94“

116. Landschaft bei Bislich
Öl auf Leinwand, 1993
28 x 31,5 cm
Signiert unten rechts: „N.R. Fu 93“

117. Kühe bei Wallach
Öl auf Leinwand, 1993
65 x 80 cm
Signiert unten rechts: „94 Fußmann“

118. Wildgänse bei Birten
Tusche und Gouache, 1994
41 x 55 cm
Signiert unten rechts:
„94 Fußmann bei Birten"

Hessen

119. Frühjahr in der Rhön,
Blick von Danzwiesen
Buntstift und Aquarell, 1996
42 x 56 cm
Signiert unten rechts:
„Fußmann 95 Rhön Danzwiesen“

120. Rhön, Danzwiesen
Blaustift und Aquarell, 1996
30 x 42 cm
Signiert unten rechts:
„Fu 95 Rhön Danzwiesen“

121. Fulda, Domplatz mit Michaelskapelle
Kohle und Deckweiß, 1996
42 x 56 cm
Signiert unten rechts:
„Fulda 95 Fu Michaelsk..“

122. Blick auf die Wasserkuppe
Buntstift und Aquarell, 1996
30 x 41,5 cm
Signiert unten rechts:
„95 Fußmann Rhön Blick auf Wasserk.“

123. Frühjahr, Wasserkuppe
Bleistift und Aquarell, 1996
42 x 56 cm
Signiert unten:
„15.8.96 Fußmann Fußmann Wasserkuppe/Rhön“

124. Landschaft bei Rodholz
Bleistift und Aquarell, 1996
42 x 56 cm
Signiert unten rechts

Über Land und Leute

Die Deutschen sehen ihre Nation kritisch. Durch das unselige Erbe des letzten Krieges entstand in uns eine immerwährende Zwiespältigkeit, die das nationale Selbstvertrauen permanent in Frage stellt. Diese Zurückhaltung überträgt sich manchmal auch auf die Landschaft, denn überall begegnet uns unsere Geschichte und mischt einen Tropfen Wermut der heimatlichen Liebe bei.

Außerdem ist Deutschland ein Industrieland, in dem Eisen und Öl verarbeitet werden und wo, wenn auch gemindert durch Filteranlagen, noch immer die Schlote rauchen. Fabrikanlagen beanspruchen große Gebiete, Autobahnen und elektrische Fernleitungen durchkreuzen die Republik und Zugtrassen verbinden die Städte. Die dadurch dem Land zugefügten Verletzungen liegen offen zu Tage und hinterlassen für immer sichtbare Narben.

Das ländliche Deutschland, wie wir es von den Romantikern her kennen, ist bis auf wenige Landstriche verschwunden. Die Städte sind seitdem in ihren Ausmaßen riesig und die Dörfer zu kleinen Städten geworden. Viele von uns wohnen in sogenannten Ballungszentren, wo zwischen den einzelnen Gemeinden gerade noch ein paar Felder Platz haben. Eigentlich ist es oft nur eine etwas dünnere Besiedlung, die den Übergang von der einen zur anderen Stadt anzeigt.

Die meisten Bürger der Bundesrepublik leben in Städten, sind also Städter und ihr Verhältnis zur Natur ist nicht mehr unmittelbar, die Beziehung zu ihr ist deshalb oft entfremdet und gebrochen. Das eigene Land wird wie eine Produktionsfläche betrachtet, schöne Landschaft ist dagegen anderswo: in der Schweiz, in Skandinavien, in Sri Lanka oder in Amerika. So kommt es, daß man zwar Peru und Sizilien gut kennt und wochenlang bereist hat, die Mecklenburger-Seenplatte aber fremd bleibt. Wie hinter sieben Bergen liegt für viele das eigene Land. Verwunschen und vergessen, obwohl oft keine zehn Kilometer entfernt, liegen die schönsten Täler,während das Sinnen und Trachten weit in die Ferne gerichtet bleibt. Auch das hat Geschichte. Italien gilt uns Deutschen als ein exemplarisch schönes Land. Immer wieder zog es die deutschen Künstler über die Alpen nach Rom. Die Nazarener verbrachten sogar den größten Teil ihres Lebens dort und entwickelten in südlicher Sonne eine neue deutsche Kunstrichtung. Doch die großartigsten Kunstwerke dieser Zeit wurden, hier im Norden, von Caspar David Friedrich geschaffen. Landschaftsbilder: Alle seine Bilder entstanden in Deutschland und zeigen ein hiesiges Motiv. Caspar David Friedrich malte das Riesengebirge, Dürer die Dörfer in Franken und Altdorfer die Donaugebiete, Menzel die Mark Brandenburg, Corinth am Walchensee und die Expressionisten in Pommern und an den Nord- und Ostseeküsten.

Wenn wir uns nun in Gedanken auf den Weg machen, nach einer typisch deutschen Landschaft, so fallen uns (oder vielmehr mir) als besonders charakteristisch der Harz, das südlich folgende Thüringen, sowie die davon westlich gelegene Rhön ein. Hier im Zentrum des Landes sind die Hänge der Berge und die Anlage der Felder so romantisch-deutsch, wie wir es auf vielen Bildern gesehen und in Gedichten gelernt haben: so romantisch-deutsch wie es unserer Erwartung entspricht. Doch wenn wir unseren imaginären Blick einmal von der Zugspitze bis zu den Kreidefelsen von Rügen wandern lassen, so verliert sich ganz schnell wieder diese Vorstellung, denn Deutschland ist auch ganz anders. Unberücksichtigt blieben zum Beispiel die brandenburgischen Ebenen und der Niederrhein. Außerdem könnte für den Harz der Spessart, die Eifel, das Elbsandsteingebirge ebenso wie das Bergische Land und das Erzgebirge an dessen Stelle treten, so sehr ähneln sie manchmal diesem. Es gibt also nicht die deutsche Landschaft, denn dies Land ist in seinen Formationen zu unterschiedlich.

Ohne eine Vorliebe für das Besondere und Berühmte sind die hier gezeigten Skizzen entstanden. Landschaft in Deutschland, könnte man als Motto darüber setzen, aber eine gezielte Auswahl hat nicht stattgefunden. Eher zufällig geriet ich in die jeweiligen Gegenden: Das Bergische Land ist mir natürlich besonders vertraut, denn da bin ich aufgewachsen. Zu dem bergigen Land mit den Buchenwäldern und den sogenannten Hülsensträuchern darunter blieb mir immer eine vertraute Beziehung. Die Arbeiten aus Buchau in Oberfranken entstanden während freundschaftlicher Besuche. Dasselbe gilt für die Skizzen aus dem Chiemgau, wenn auch die Aufenthalte dort vielleicht etwas länger ausfielen. Brandenburg und Mecklenburg-Vorpommern sind seit der Wiedervereinigung meine bevorzugten Landschaften geworden, die ich gern durchstreife. Nur im Norden, an der Ostsee, in Schleswig-Holstein, geht die Zeit lang hin, über Tage und Wochen hinaus. Das Land ist hier flach und der Himmel weit offen. Die Dörfer tragen dänische Namen. Düstnishy heißt das Gebiet, die paar am Waldrand gelegenen Felder, wo ich ein Atelier habe und meine Bilder male. Im hellen und schrägeinfallenden Licht des Nordens erinnert mich nichts mehr an die lauschigen Täler des Bergischen Landes.

Klaus Fußmann
1986/1996

125. Landschaft bei Nordhausen
Pastell, 1996
42 x 56 cm
Signiert unten rechts:
„Landschaft bei Nordhausen Fußmann 96“

126. Blick auf Olbersleben bei Kölleda
Pastell, 1996
29,5 x 41 cm
Signiert unten rechts:
„Fu 96 Blick Olbersleben“

127. Nordhausen
Kreide und Aquarell, 1996
42 x 56 cm
Signiert unten rechts:
„96 Fußmann Nordhausen“

128. Kyffhäuser
Bister und Aquarell, 1996
42 x 56 cm
Signiert unten rechts:
„23.6.96 Kyffhäuser Fußmann“

129. Landschaft bei Nauendorf
Aquarell und Tusche, 1996
42 x 56 cm
Signiert unten rechts:
Fußmann 96 bei Nauendorf“

130. Nordhausen
Buntstift und Aquarell, 1996
30 x 40 cm
Signiert unten rechts:
„Nordhausen Fußmann 96“

131. Blick auf Görsbach bei Sonderhausen
Pastell, 1996
42 x 56 cm
Signiert unten rechts:
„Blick a. Görsbach Fußmann bei Sonderhausen 96“

132. Blick auf Eisenach von der Wartburg
Buntstift und Aquarell, 1996
42 x 56 cm
Signiert unten rechts:
„Eisenach von der Wartburg Fu 96“

133. Wartburg
Kohle und Gouache, 1996
43 x 56 cm
Signiert unten rechts:
„Fußmann Wartburg 94“

134. Landschaft bei Etterwinden
Tusche und Aquarell, 1996
42 x 56 cm
Signiert unten rechts:
„Thüringen Etterwinden Fußmann 96“

135. Blick auf Ellersleben (bei Kölleda)
Pastell, 1996
42 x 56 cm
Signiert unten rechts:
„Fu 96 Ellersleben Blick a. Windehausen“

136. Blick auf Weimar vom Belvedere
Buntstift und Aquarell, 1996
42 x 56 cm
Signiert unten rechts:
„Fußmann 1996 Blick a. Weimar vom Belvedere"

137. Weimar, Park mit Goethehaus
Kohle und Aquarell, 1996
42 x 56 cm
Signiert unten rechts:
„96 Fußmann Weimar Goethehaus“

138. Weimar, Park
Aquarell, 1996
39,5 x 41,5 cm
Signiert unten rechts:
„Fußmann 96 Weimar Park"

139. Park in Weimar
Bister und Aquarell, 1996
42 x 56 cm
Signiert unten rechts:
„Fußmann 96 Park Weimar“

140. Landschaft bei Eisenach
Pastell auf Pappe, 1996
42 x 56 cm
Signiert unten rechts:
„96 Fußmann bei Eisenach“

Sachsen

141. Landschaft bei Bärnsdorf
Kohle und Aquarell, 1996
42 x 56 cm
Signiert unten rechts:
„Fußmann Blick a. Bärnsdorf Sachsen 96“

142. Blick auf Volkersdorf
Aquarell, 1996
29 x 42 cm
Signiert unten rechts:
„Volkersdorf 96 Fußmann“

143. Dresden
Buntstift und Aquarell, 1996
42 x 56 cm
Signiert unten: „Dresden Fußmann 96“

144. Blick von der Burg auf Meißen
Buntstift, Gouache und Aquarell, 1996
29 x 41 cm
Signiert unten:
„96 Blick auf Meißen Fußmann“

145. Blick auf Meißen
Pastell, 1996
42 x 56 cm
Signiert unten rechts:
„Fußmann 96 Blick auf Meißen“

146. Landschaft bei Mühlsdorf
Pastell, 1996
42 x 56 cm
Signiert unten rechts:
„Fußmann Mühlsdorf 96“

147. Hof in Lampersdorf
Pastell, 1996
29 x 46 cm
Signiert unten rechts:
„96 Fußmann Lampersdorf“

148. Hof in Lampersdorf
Pastell, 1966
42 x 56 cm
Signiert unten: „Sachsen Lampersdorf Hof bei Sora Fußmann 96“

149. Bei Weißig, Elbsandsteingebirge
Buntstift und Aquarell, 1996
42 x 56 cm
Signiert unten rechts:
„Sachsen bei Weißig Fußmann 96

150. Blick auf Festung Königstein
(im Vordergrund Dorf Weißig)
Buntstift und Aquarell, 1996
42 x 56 cm
Signiert unten rechts:
„Fußmann 96 Blick auf Festung Königstein“

151. Landschaft bei Pappendorf
(Bei Hainichen)
Tusche und Aquarell, 1996
42 x 56 cm
Signiert unten: „Sachsen Hainechen
bei Pappendorf Fußmann 96“

Saarland

152. Saarschleife
Aquarell, 1996
31 x 41,5 cm
Signiert unten rechts:
„Saarschleife 96 Fußmann"

153. Saarschleife
Bleistift und Aquarell, 1996
42 x 56 cm
Signiert unten rechts:
„15.4.1996 Fußmann Saarschleife“

154. Hunnenring bei Otzenhausen
Blaustift und Aquarell, 1996
30 x 42 cm
Signiert unten rechts: „Fu 96 Otzen“

155. Wolfersweiler
Buntstift und Aquarell, 1996
30,5 x 41,5 cm
Signiert unten rechts:
„Saarland 96 Wolfersweiler“

156. Wolfersweiler, Bahnunterführung
Bleistift, Buntstift und Aquarell, 1996
42 x 56 cm
Signiert unten rechts:
„Saarland Fu 96 Wolfersweiler“

Rheinland-Pfalz

157. Blick auf Diedesfeld
Aquarell, 1995
22,5 x 31 cm
Signiert unten rechts:
„Fu 95 Diedesfeld"

158. Weinberge bei Rhodt
Bleistift und Aquarell, 1995
30 x 40 cm
Signiert unten rechts:
„95 Fußmann Rhodt“

159. Bei Meckenheim
Buntstift und Aquarell, 1996
30 x 41 cm
Signiert unten rechts:
„Fußmann bei Meckenheim 96"

160. Blick auf Weyher
Bleistift und Aquarell, 1996
11 x 15,5 cm
Signiert

161. Blick auf Neucastel
Aquarell und Pastell, 1996
42 x 56 cm
Signiert unten rechts:
„Blick auf Castel Fußmann 96“

162. Blick auf Dürkheim
Bleistift und Aquarell, 1995
42 x 56 cm
Signiert unten rechts:
„12.11.95 Fu Blick auf Dürkheim“

163. Rhodt
Bleistift und Aquarell, 1995
42 x 56 cm
Signiert unten rechts:
„Fußmann Nov. 95 Rhodt“

164. Herbstlandschaft bei Ludwigshöhe
Bleistift und Aquarell, 1995
30 x 41 cm
Nicht signiert

165. Blick auf Rhodt von der Ludwigshöhe
Aquarell, 1995
42 x 56 cm
Signiert unten rechts:
„96 Fu Blick auf Rhodt“

166. Blick auf Neustadt
Bleistift und Aquarell, 1995
42 x 56 cm
Signiert unten rechts:
„Fußmann 95 Blick auf Neustadt von Diedesfeld“

167. Blick auf Weyher
Bleistift und Aquarell, 1995
30 x 41 cm
Signiert unten:
„Fußmann 95 Blick auf Weyher“

168. Landschaft bei Leinsweiler
Aquarell, 1996
30 x 42 cm
Signiert unten rechts: „bei Leinsweiler Fu 96“

169. Blick auf Leinsweiler
Pastell, 1996
30 x 42 cm
Signiert unten rechts: „bei Leinsweiler Fu 96“

170. Wollmesheim
Pastell, 1996
42 x 56 cm
Signiert unten:
„Wollmesheim Fußmann 96“

171. Schloß Hambach
Tusche und Aquarell, 1995
31 x 41 cm
Signiert unten: „Fußmann 95 Schloß Hambach"

172. Wollmesheim bei Landau
Pastell, 1996
42 x 56 cm
Signiert unten:
„bei Landau Wollmesheim Fußmann 96"

173. Rhein bei St. Goar, Blick nach Hirzenach
Bleistift und Aquarell, 1996
42 x 56 cm
Signiert unten rechts:
„96 Fußmann St. Goar Blick nach Hirzenach“

174. Pfalz bei Kaub
Bleistift und Aquarell, 1996
42 x 56 cm
Signiert unten links: „Kaub Fußmann 96“

Baden-Württemberg

175. Blick auf Heidelberg
Bleistift und Aquarell, 1996
42 x 56 cm
Signiert unten links: „Fußmann H 96“

176. Ulm
Blaustift und Aquarell, 1996
42 x 56 cm
Signiert unten rechts: „Fußmann Ulm 9

177. Bei Obermarchtal, Blick auf Neuburg
Blaustift und Aquarell, 1996
42 x 56 cm
Signiert unten rechts:
„bei Obermarchtal, Blick auf Neuburg
Fußmann 96“

178. Blick auf Obermarchtal
Blaustift und Aquarell, 199
42 x 56 cm
Signiert unten rechts:
„Obermarchtal Fußmann 96

179. Obermarchtal, Blick in den Park
Kohle und Aquarell, 1996
42 x 56 cm
Signiert unten rechts:
„Fußmann Obermarchtal 1996“

180. Bodensee von Birnau aus
Kohle, Gouache und Aquarell, 1996
42 x 56 cm
Signiert unten rechts: „Bodensee Fußmann 96“

181. Birnau
Blaustift, Aquarell und Gouache, 1996
40 x 50 cm
Signiert unten rechts: „Birnau Fußmann 96"

182. Blick auf den Bodensee bei Meersburg
Kohle, Buntstift und Gouache, 1996
42 x 56 cm
Signiert unten rechts:
„Meersburg Bodensee Fußmann 96“

183. St. Georg auf der Insel Reichenau
Kohle, Gouache und Aquarell, 1996
42 x 56 cm
Signiert unten rechts: „Fußmann 96“

184. Landschaft bei Gammertingen
Blaustift und Aquarell, 1996
42 x 56 cm
Signiert unten rechts:
„Fußmann Landsch. bei Gammertingen

Die Buchauer Landschaftsbilder

Die Landschaft um Buchau bei Kulmbach im Oberfränkischen ist bewegt ruhig. Mehr Wiesen als Äcker, dazwischen Waldstücke. Einzelne Kiefern, Linden, Pappeln, Eschen, verwachsene Apfelbäume. Hintereinander sich staffelnde leicht fallende Höhenlinien. Flache Täler, Abhänge, Wegkanten, Feldraine. Bizarres fehlt. Bietet es sich als Höhlen, als im Wald verstreute Riesensteine an, geht der Maler daran vorbei.

Der Görauer-Anger ist eine Art Bruch-Kante. Wer von Weismain herankommt, sieht plötzlich das Land um Buchau und jenes, wo Roter und Weißer Main zum Main zusammenfließen, zu seinen Füßen liegen. Weiter hinten die Plassenburg über dem zersiedelten Stadtbild Kulmbachs. Von Buchau aus ist der Görauer-Anger eine ruhig geführte Silhouette, teils von Bäumen überschnitten, teils waldlos. Wenige flechtenbedeckte, einzeln stehende Bäume. Die Landschaft ist angenehm, abwechslungsreich, herb auch – wüßte ich es nicht, käme ich nicht auf den Gedanken, daß wenige Wanderstunden entfernt Weinhänge sind. Die Landschaft hat Charakter, ist also einmalig.

Ohne Freunde in Buchau wäre Klaus Fußmann schwerlich in die Gegend gekommen. Nun aber sind da dieses Schloß in Buchau und seine gastfreundlichen und lebensfrohen, dem Maler verbundenen Bewohner.

Das Spezifische dieser Landschaft, ihr ruhiger Rhythmus, ihr gelassenes Fließen – das alles ist in den Bildern. Genau im Bild ist der Görauer-Anger. Farbig sind die Bilder, doch nicht bunt. Meist auf die Modulation eines Tons gestellt: grau-schwarz-weiß. Die Aquarellfarbe ist oft fließend, naß in naß aufgetragen. Drahtig und schründig stehen - bewußt kalkuliert – (trockene) Ränder da. Auf den Winterbildern zeichnen sich im Farbgrund noch die Strukturen der Eiskristalle ab.

Klaus Fußmann, wenn er Landschaften malt, bewegt sich in einem schon mehrfach bearbeiteten Gelände. Er weiß das. Wer ihn kennenlernt, erfährt, daß er ein vorzüglicher Kenner alter Malerei ist. Wer die Bilder sieht, kann sehen, wie auf ihnen sich Seh-, Arbeits- und Kunsterfahrungen des Malers verbinden.

Wenn er Landschaften malt oder zeichnet, erfindet Klaus Fußmann nichts, sondern er bezieht sich nur auf das Gegenüber. Alles Gemachte und dann Sichtbare ist abgeleitet aus der Erscheinungssituation des Gegenüber und insofern folgt diese Malerei einer gegenständlichen Tradition.

Klaus Fußmann sagt: „Heute will ich malen". Er bleibt im Spaziergang stehen, unterbricht gar einen Satz, sagt „Das male ich", schert aus der Wandergruppe aus, setzt sich hin, ordnet seine Malsachen und fängt an. Die Gruppe geht weiter, er kommt nach oder auch nicht. Bliebe man stehen und schaute zu, wär's auch recht. Das Motiv ist sekundenschnell gewählt. Das Malen braucht mehr Zeit. Ich war dabei, als auf einer Tempelplattform mit Wüstenaussicht unsere Reisegruppenführerin ihre Erhabenheitssätze abspulte und Fußmann eben dieses Zeitintervall unter Zuhilfenahme von mitgebrachtem Nilwasser für ein Aquarell nutzte.

Eine anscheinend natürliche Sache: Jemand hat Lust Bilder zu malen und er folgt ihr beiläufig, unauffällig, ohne Attitüde und demonstratives Künstlerpathos; arbeitet bei beinahe jedem Wetter – bei Regenwetter unter einem Schirm und bei Kälte warm angezogen.

Frontale Ansichten einer Landschaft Oben und Unten in der klassischen Teilung 2/3 Landschaft und 1/3 Himmel. Das bleibt, sowie die aus der Landschaft abgeleiteten Farbwerte. Der gewählte Ausschnitt ist beiläufig, gleichgültig, fast austauschbar. Zumindest meidet der Maler pathetische oder sonstwie als „einmalig" hervorstechende Vor-Bilder. Das Beiläufige wird wichtig. Eine vorübergehende, beinahe kinetische Situation – in der nächsten Minute schon verteilen sich Licht- und Schattengewichte wieder anders: Das wird festgehalten.

Die Bilder sind Dokumente eines Sich-in-Eins-Setzens mit der Zeitverstricktheit einer spezifischen Landschafts-Situation. Jedes Bild kann auf Tag und Stunde datiert werden. Die im Bilde festgehaltene, nur für ganz begrenzte Zeit so vorhandene Tageszeitsituation, Beleuchtung, Schatten und sogar die Arbeitszeit sind so gut wie identisch. Fußmann kommt es auf diesen Moment, diese Situation an; er könnte schwerlich über Tage an einem Bild arbeiten, dessen Vor-Bild wesenhaft flüchtig ist.

Der Künstler bringt das unaufhörlich Rinnende von Zeit ins Bild und zwar ohne allegorischen oder literarischen Anspruch. Zu dieser Zeichen- und Malmethode gehört rasches Arbeiten, aber trotz der Schnelligkeit des Bilderprotokollierens soll alles lesbar bleiben. Die eigentümliche Handschrift, der wehende Duktus, der eher weich verfließende Linien bevorzugt, ist präzise. Wer die gemalte Landschaft kennt, erkennt sie auch wieder – das kann nur diese und nicht jene Landschaft sein.

Dem Maler kommt es nicht so sehr auf topographische Genauigkeit an. Indem er sich ganz der Situation vor seinen Augen und seiner Arbeit ausliefert, kann er um so freier das Zerrissene eines Bewußtseins ins Bild bringen, das sich dem Phänomen „Zeit" stellt. In der Natur sind Veränderungen, Lebensprozesse, Anfänge und Abschlüsse – jedoch kein Wissen davon, Natur „ist", der Mensch „weiß". Als Beobachtender protokolliert der Künstler, aber er ist weder Deuter noch Theoretiker, sondern er zeigt nur was geschieht. Alles ist „in Zeit" gestellt und dem Vorzeigenden sitzt diese Zeit, als einzig gewisse Größe, im Nacken. „Die Erde weckt den Gedanken an den Tod durch ihre Jahrtausendstarre so gut wie durch ihre Wandlungen, selbst wenn diese Wandlungen das Werk des Menschen sind" (André Malraux).

Die Arbeit des Malers Fußmann ist mutig, weil sie einem wie immer beschaffenen Gegenüber die Wirklichkeit von Kunst entgegenstellt. Eine Kunst, die da ist, ohne These, ohne Vorschläge für den Betrachter. Ins Bild gebracht, und im Bild objektiviert sind die Aktivitäten eines Sehenden.

Hermann Wiesler

185. Blick auf Peesten (Franken)
Buntstift, 1989
22,5 x 31 cm
Signiert unten rechts:
„Fußmann 89 Blick auf Peesten“

186. Görauer Anger (Franken)
Buntstift, 1989
22,5 x 31 cm
Signiert unten: „Fu 89 Görauer Anger“

187. Blick auf Buchau (Franken)
Buntstift, 1989
22,5 x 31 cm
Signiert unten rechts: „Fu Buchau 89“

188. Blick auf Buchau (Franken)
Buntstift, 1993
30 x 40 cm
Signiert unten rechts: „Buchau Fu 93“

189. Buchau von Schloß Giech gesehen
Bleistift, Aquarell und Gouache, 1988
42 x 56 cm
Signiert unten rechts: „1.1.88 Fu Buchau“

190. Winter in Franken, bei Buchau
Aquarell und Deckweiß, 1996
42 x 56 cm
Signiert unten rechts:
„Fußmann Dörfles 1.1.96“

191. Görau (Franken)
Bleistift, Aquarell und Deckweiß, 1995
42 x 56 cm
Signiert unten rechts:
„31.12.95 Fußmann Görau“

192. Schloß in Buchau
Bleistift, Aquarell und Deckweiß, 1995
30 x 41 cm
Signiert unten links:
„Buchau 30.12.95 Fußmann“

193. Winterlandschaft bei Obing, Chiemgau
Bleistift und Aquarell, 1995
42 x 56 cm
Signiert unten rechts: „Obing 95 Fußmann“

194. Landschaft Chiemgau
Bleistift, 1990
42 x 56 cm
Signiert unten Mitte: „90 Fu“

195. Blick auf Wasserburg
Bleistift und Aquarell, 1988
42 x 56 cm
Signiert unten rechts:
„Wasserburg 88 Fußmann“

196. Blick auf Fremdling
Bleistift, Aquarell und Deckweiß, 1996
30 x 41 cm
Signiert unten:
„Blick auf Fremdling Fußmann 30.Dez.“

197. Königssee
Tusche und Deckweiß, 1985
29,5 x 40,6 cm
Signiert unten rechts:
„27.12.85 Fu. Königssee“

198. Landschaft bei Obing, Chiemgau
Bleistift und Aquarell, 1993
42 x 56 cm
Signiert unten rechts:
„Obing 29.12.93 Fußmann“

Katalog

1. Prinzregent-Luitpold-Brunnen
bei Schloß „Villa Ludwigshöhe“
Edenkoben/Pfalz
Aquarell und Bleistift, 1995
11 x 15,5 cm
Signiert unten rechts: „Fu L.H. 95“

Berlin

2. Wannsee, Herbstnebel
Aquarell, 1978
30 x 41 cm
Signiert unten rechts: „B. 13. 9. 78 Fußmann“

3. Blick auf den Kurfürstendamm
(vom Europa-Center)
Öl auf Leinwand, 1980
170 x 250 cm
Signiert unten rechts: „Fußmann 1980 Berlin“

4. Blick auf Charlottenburg (vom Funkturm)
Öl auf Leinwand, 1979
120 x 150 cm
Signiert oben rechts: „Fußmann“

5. Berlin, Mitte (vom Funkturm)
Öl auf Leinwand, 1993
190 x 200 cm
Signiert unten rechts: „Fußmann Berlin 93“

6. Blick auf das Brandenburger Tor
(vom Reichstag)
Öl auf Leinwand
100 x 100 cm
Signiert unten rechts: „Fußmann Berlin“

Schleswig-Holstein

7. Ostsee bei Kronsgaard
Aquarell, 1994
42 x 56 cm
Signiert unten rechts: „Fußmann G. 94“

8. Raps bei Kappeln
Aquarell und Bleistift, 1984
42 x 56 cm
Signiert unten rechts: „G. 84 Fu.“

9. Angler Landschaft bei Gelting
Öl auf Papier, 1991
42 x 56 cm
Signiert unten rechts: „Fu 91“

10. Blick auf Schwabstedt
Bleistift, Aquarell und Gouache, 1988
42 x 56 cm
Signiert unten: „April 88 Fu. Schwabstedt“

11. Bei der Arlauschleuse
Bleistift, Aquarell und Gouache, 1988
42 x 56 cm
Signiert unten rechts:
„bei d. Arlauschleuse Fu 7.3.88“

12. Blick auf Hattstedt
Bleistift und Aquarell, 1999
42 x 55,5 cm
Signiert unten: „Blick auf Hattstedt Fu April 88“

13. Raps bei Eckernförde
Pastell, 1989
42 x 55 cm
Signiert unten: „Fu G. 89“

14. Blick auf Schwabstedt, Frühjahr
Bleistift, Aquarell und Gouache, 1988
42 x 56 cm
Signiert unten rechts:
„Fu 88 Blick auf Schwabstedt“

15. Rapsfelder bei Pinky
Pastell, 1995
42 x 56 cm
Signiert unten rechts: „Fußmann G. 95“

16. Nordsee, abends
Aquarell, 1992
42 x 56 cm
Signiert unten rechts: „Fußmann S. 92“

17. Sylt (abends)
Gouache und Aquarell, 1991
42 x 56 cm
Signiert unten rechts: „Fußmann S. 91“

18. Ostsee mit Badenden
Buntstift, 1990
30 x 40 cm
Signiert unten rechts: „Fu G. 90“

19. Sylt
Aquarell, 1985
30,5 x 40 cm
Signiert unten rechts: „2.9.85 Fu Sylt“

20. Ostsee, 30.8.79
Aquarell
29,8 x 40 cm
Signiert unten rechts: „Gelting Fußmann 30.8.79“

21. Raps bei Kattrott (Angeln)
Pastell, 1994
29,5 x 41 cm
Signiert unten rechts: „G. 94 Fußmann“

22. Rapsfeld bei Düttebüll
Pastell, 1995
42 x 56 cm
Signiert unten rechts: „Fußmann 95“

23. Beveroe, auf der Birk (an der Schäferkate)
Aquarell, 1985
42 x 54 cm
Signiert unten rechts: „Gelting 11.7.85 Fußmann“

24. Beveroe
Öl auf Leinwand, 1982
125 x 125 cm
Signiert unten rechts: „Fußmann 82“

25. Raps bei Kattrott
Pastell, 1995
42 x 56 cm
Signiert unten rechts: „Fußmann G. 95“

26. Felder bei Düttebüll
Pastell, 1992
42 x 56 cm
Signiert unten rechts: „Fußmann 92“

27. Düstnishy
Öl auf Leinwand, 1990
110 x 100 cm
Signiert unten rechts: „Fußmann 90“

28. Landschaft bei Osterholz (Frühjahr)
Aquarell, 1995
42 x 56 cm
Signiert unten rechts: „G. 95 Fußmann“

29. Frühjahr, bei Steinbergkirche
Pastell, 1996
42 x 56 cm
Signiert unten rechts: „27.4.96 Gelting Fußmann“

30. Herbst in Gammellück
Pastell, 1991
42 x 56 cm
Signiert unten rechts: „Fu 91“

Bremen

31. Bremen, Dom
Blaustift, Gouache und Aquarell, 1996
42 x 56 cm
Signiert unten rechts: „Fußmann Bremen 96“

32. Bei der Weserburg
Aquarell/Gouache, 1996
42 x 56 cm
Signiert unten rechts: „96 Bremen Fußmann“

33. Bremen, Markt
Aquarell und Gouache, 1996
42 x 56 cm
Signiert unten rechts: „96 Fußmann Bremen“

Hamburg

34. Außenalster
Aquarell und Gouache, 1996
42 x 56 cm
Signiert unten Mitte: „Hamburg Fußmann 96“

35. Außenalster II
Aquarell und Gouache, 1996
42 x 56 cm
Signiert unten: „96 Fußmann Hamburg 96“

36. Hafen
Pastell, 1996
42 x 56 cm
Signiert unten rechts: „Fußmann 96“

Niedersachsen

37. Landschaft bei Jerxheim
Aquarell, 1996
22,5 x 31 cm
Signiert unten links: „Fu Jerxheim 96“

38. Blick auf den Brocken vom Heeseberg
Aquarell und Buntstift, 1996
42 x 56 cm
Signiert unten rechts: „Blick auf den Brocken
vom Heeseberg Fußmann 96“

39. Blick auf Jerxheim
Aquarell und Kohle, 1996
42 x 56 cm
Signiert unten rechts:
„Blick auf Jerxheim Fußmann 96“

40. Abendlandschaft mit Ballon bei Verden
Pastell, 1996
42 x 56 cm
Signiert: „4.8.96 Fußmann“

41. Landschaft bei Emden
Pastell, 1996
42 x 56 cm
Signiert unten rechts: „Bei Emden Fußmann 96“

42. Die Kirche von Suurhusen
Pastell, 1996
42 x 56 cm
Signiert unten rechts:
„Kirche v. Suurhusen Fußmann 96“

43. Landschaft bei Riepe
Pastell, 1996
42 x 56 cm
Signiert unten rechts: „bei Riepe Fußmann 96“

44. Oldenburg, Schloßgarten
Aquarell und Gouache, 1996
42 x 56 cm
Signiert unten rechts:
„Schloßpark 96 Oldenburg Fußmann“

45. Der Pulverturm in Oldenburg
Aquarell und Gouache, 1996
42 x 56 cm
Signiert unten rechts:
„Fußmann 96 Oldenburg Pulverturm“

Mecklenburg-Vorpommern

46. Strand auf Rügen
Bleistift und Aquarell, 1994
30 x 40 cm
Signiert unten Mitte: „Fußmann“,
und unten rechts: „Rügen 84“

47. Rügen
Buntstift und Aquarell, 1994
42 x 56 cm
Signiert unten rechts: „Rügen 94 Fußmann“

48. Rügen
Bleistift und Aquarell, 1994
42 x 56 cm
Signiert unten Mitte: „Rügen 94 Fußmann“

49. Rügen, Strand mit Menschen
Aquarell, 1994
42 x 56 cm
Signiert unten rechts: „Rügen Fußmann 94“

50. Rügen, Wanderer am Strand
Bleistift, 1994
42 x 56 cm
Signiert unten rechts: „Rügen Fußmann 22.9.94“

51. Rügen
Bleistift und Aquarell, 1994
44 x 58 cm
Signiert unten Mitte: „Rügen 94 Fußmann“

52. Die Müritz bei Zielow
Pastell, 1996
42 x 56 cm
Signiert unten rechts: „Müritz Fußmann 96“

53. Blick auf Müritzsee
1996
30 x 40 cm
Signiert unten links: „Müritz 96 Fußmann“

54. Müritzsee bei Zielow mit Blick auf Rechlin
1996
42 x 56 cm
Signiert unten rechts:
„Müritz bei Rechlin Fußmann Zielow 96“

55. Bei Waren
1996
30 x 40 cm
Signiert unten rechts: „bei Waren Fußmann 96“

56. Häuser bei Kambs
Pastell, 1996
42 x 54 cm
Signiert unten rechts:
„Fußmann Karbow Kam bei Kambs 96“

57. Landschaft bei Zielow
Pastell, 1996
42 x 56 cm
Signiert unten rechts:
„Zielow Müritz Fußmann 96“

Brandenburg

58. Haus in Kerzendorf
Pastell, 1994
42 x 56 cm
Signiert unten rechts: „94 Kerzendorf Fußmann“

59. Potsdam, Park
Bleistift und Aquarell, 1995
42 x 56 cm
Signiert unten rechts:
„22.11.95 Potsdam Fußmann“

60. Potsdam, Orangerie
Tusche und Aquarell, 1995
42 x 56 cm
Signiert unten rechts:
„Fußmann 21.11.1995 Potsdam“

61. Sanssouci, Die Neuen Kammern
Bleistift und Aquarell, 1995
42 x 56 cm
Signiert unten Mitte: „Fußmann Potsdam 95“

62. Blick auf Schwante
Tusche und Deckweiß, 1993
42 x 56 cm
Signiert unten rechts:
„21.2. Blick a. Schwante Fu 93“

63. Blick auf Schwante und Vehlefanz
Pastell, 1994
42 x 56 cm
Signiert unten rechts:
„94 Fußmann Blick a. Schwante“

64. Blick auf Vehlefanz und Schwante
Blaustift, Aquarell und Deckweiß, 1994
42 x 56 cm
Signiert unten rechts:
„94 Feb. Fußmann Blick Schwante“

65. Großziethen (bei Kremmen)
Bleistift und Aquarell, 1995
42 x 56 cm
Signiert unten: „Großziethen Fußmann 95“

66. Großziethen (bei Kremmen)
Bleistift und Aquarell, 1995
42 x 56 cm
Signiert unten rechts:
„Fußmann Groß Ziethen 95 März“

67. Schneefall in Großbeeren
Pastell, 1994
42 x 56 cm
Signiert unten rechts:
„Großbeeren Fußmann Febr. 94 N.“

68. Landschaft bei Staffelde
Aquarell, 1994
42 x 56 cm
Signiert unten rechts:
„bei Staffelde 15.2.94 Fußmann“

69. Britz
Kohle und Deckweiß, 1994
42 x 56 cm
Signiert unten rechts: „Fußmann 20.2.94 Britz“

70. Straße in Großziethen (bei Kremmen),
Bleistift und Aquarell, 1995
42 x 56 cm
Signiert unten rechts:
„Groß Ziethen 5.3.95 Fußmann“

71. Blick auf Grünfeld
Blaustift und Aquarell, 1995
42 x 56 cm
Signiert unten rechts:
„Blick auf Grünfeld 6.3.95 Fußmann“

72. Bei Herzfelde
Tusche und Aquarell, 1994
42 x 56 cm
Signiert unten rechts:
„bei Herzfelde Fußmann 94“

73. Kerzendorf
Bleistift und Aquarell, 1994
42 x 56 cm
Signiert unten rechts: „Fußmann 94 Kerzendorf“

74. Landschaft bei Herzfelde
Tusche und Aquarell, 1994
42 x 56 cm
Signiert unten rechts: „Herzfelde Fu 94“

75. Blick auf Sommerfeld
Buntstift und Aquarell, 1994
42 x 56 cm
Signiert unten Mitte: „Fußmann 94 Sommerfeld“

76. Dorf Beetz
Buntstift und Aquarell, 1994
42 x 56 cm
Signiert unten rechts: „94 Fußmann“

77. Fredersdorf
Bleistift und Aquarell, 1994
42 x 56 cm
Signiert unten rechts:
„März 94 Fußmann Fredersdorf“

78. Kremmen
Buntstift und Aquarell, 1994
42 x 56 cm
Signiert unten rechts:
„18.2.94 Kremmen Fußmann“

79. Kloster Chorin
Buntstift, Tusche Aquarell und Deckweiß, 1994
42 x 56 cm
Signiert unten rechts: „94 Feb. Fußmann“

80. Kloster Chorin
Bleistift, Tusche, Aquarell und Deckweiß, 1994
42 x 56 cm
Signiert unten rechts: „94 Fu Chorin“

81. Fredersdorf
Kohle und Aquarell, 1994
42 x 56 cm
Signiert unten rechts: „Fußmann Fredersdorf 94“

82. Fredersdorf
Tusche und Aquarell, 1994
42 x 56 cm
Signiert unten rechts: „94 Fußmann Fredersdorf“

83. Staffelde
Buntstift und Aquarell, 1994
42 x 56 cm
Signiert unten rechts: „Staffelde 94 Fußmann“

Sachsen-Anhalt

84. Magdeburg, Dom
Kohle, 1996
42 x 56 cm
Signiert unten rechts:
„19.6.96 Fußmann Magdeburg Dom“

85. Magdeburg, Dom
Kohle, 1996
42 x 56 cm
Signiert unten rechts:
„20.6.96 Fu Dom Magdeburg“

86. Magdeburg mit Dom
Buntstift und Aquarell, 1996
42 x 56 cm
Signiert unten rechts: „Magdeburg 96 Fußmann“

87. Magdeburg, Klosterkirche Unser Lieben Frauen
Kohle, 1996
30 x 40 cm
Signiert unten rechts: „Fußmann Kloster
Unser Lieben Frauen 96 Magdeburg“

88. Magdeburg, Klosterkirche Unser Lieben Frauen
Kreidestift und Aquarell, 1996
30 x 40 cm
Signiert unten rechts: „Fu Magdeburg 96“

89. Magdeburg, Klosterkirche Unser Lieben Frauen
Kohle, 1996
42 x 56 cm
Signiert unten rechts: „zum Kloster u. Lieben
Frauen 96 Fußmann Magdeburg“

90. Blick auf Ohrsleben
Pastell, 1996
42 x 56 cm
Signiert unten rechts: „Blick a. Ohrsleben
Fußmann 96“

91. Blick auf Quedlinburg
Kohle und Aquarell, 1996
42 x 56 cm
Signiert unten rechts: „Fußmann 96 Quedlinburg“

92. Quedlinburg
Kohle und Aquarell
42 x 56 cm
Signiert unten rechts: „Quedlinburg Fußmann 96“

93. Quedlinburg Stiftskirche
Bister, Kohle und Aquarell, 1996
42 x 56 cm
Signiert unten rechts: „Fußmann 96 Quedlinburg“

94. Bei Elend, Blick auf den Brocken
Buntstift und Aquarell, 1996
29 x 41 cm
Signiert unten rechts:
„Elend Blick auf den Brocken Fußmann 96“

Nordrhein-Westfalen

95. Rhein bei Vynen
Pastell, 1994
42,5 x 55 cm
Signiert unten rechts: N.R. 94 Fußmann

96. Schlammteich mit Blick auf Tönisheide
Tempera auf Plakatkarton, 1952
49 x 65 cm
Signiert unten rechts: „Fußmann 52“

97. Bei Heiligenhaus
Tempera, 1952
48 x 63,5 cm
Signiert unten rechts: „Fußmann 52“

98. Weiden bei Angermühle
Öl auf Packpapier, 1954
67 x 85 cm
Signiert unten rechts: „Fußmann 1954/87“

99. Blick auf Kettwig
Öl auf Leinwand, 1994
28 x 30 cm
Signiert unten rechts: „Fu 94“

100. Blick auf Velbert
Öl auf Pappdeckel, 1994
20,5 x 40 cm
Signiert unten rechts: „94 Fußmann“

101. Scheune bei Bibelskirch
Tusche, 1994
29,5 x 40,5 cm
Signiert unten rechts:
„Febr. 1994 Bibelskirch Fußmann“

102. Feld mit Telegrafenmast bei Heidhausen
Öl auf Leinwand, 1994
28 x 30 cm
Signiert unten: „94 Fußmann“

103. Fachwerkhaus bei Absküche
Öl auf Leinwand, 1994
30 x 29 cm
Signiert unten rechts: „94 Fu“

104. Fachwerkhaus mit Baum in den Birten
Öl auf Leinwand, 1994
30 x 28 cm
Signiert unten rechts: „94 Fußmann“

105. Frühjahr, Dönberg
Aquarell, 1994
42 x 55,5 cm
Signiert unten rechts:
„Dönberg März 94 Fußmann“

106. Fachwerkhaus in Tönisheide
Tusche, Aquarell und Gouache, 1994
42 x 55 cm
Signiert unten rechts:
„Feb. 94 Tönisheide Fußmann“

107. Buchen an der Bleibergquelle
Pastell, 1994
42 x 55,5 cm
Signiert unten rechts: „Bleiberg 94 Fußmann“

108. Landschaft bei Absküche
Öl auf Malpappe, 1994
43 x 56 cm
Signiert unten rechts: „94 Fußmann Absküche“

109. Landschaft bei Hösel
Öl auf Leinwand, 1994
30 x 40 cm
Signiert unten rechts: „94 Fußmann“

110. Wald im Kuhlendal
Öl auf Leinwand, 1994
30 x 40 cm
Signiert unten rechts: „94 Fußmann“

111. Landschaft bei Ginderich
Öl auf Leinwand, 1994
28,5 x 30 cm
Signiert unten rechts: „Fu NR 94“

112. Rheinarm bei Hombroich
Öl auf Leinwand, 1994
25 x 30 cm
Rückseitig signiert: „Fußmann 94“

113. Rhein bei Wesel
Pastell, 1994
42,5 x 55,5 cm
Signiert unten rechts: „N.R. 94 Fußmann“

114. Emmerich
Buntstift, Aquarell und Gouache, 1994
46 x 61 cm
Signiert unten rechts: „Emmrich 94 Fußmann“

115. Rheinbrücke bei Duisburg
Bleistift, Buntstift und Aquarell, 1994
42 x 55,5 cm
Signiert unten rechts:
„Fußmann bei Duisburg 26.2.94“

116. Landschaft bei Bislich
Öl auf Leinwand, 1993
28 x 31,5 cm
Signiert unten rechts: „N.R. Fu 93“

117. Kühe bei Wallach
Öl auf Leinwand, 1993
65 x 80 cm
Signiert unten rechts: „94 Fußmann"

118. Wildgänse bei Birten
Tusche und Gouache, 1994
41 x 55 cm
Signiert unten rechts: „94 Fußmann bei Birten"

Hessen

119. Frühjahr in der Rhön, Blick von Danzwiesen
Buntstift und Aquarell, 1996
42 x 56 cm
Signiert unten rechts:
„Fußmann 95 Rhön Danzwiesen"

120. Rhön, Danzwiesen
Blaustift und Aquarell, 1996
30 x 42 cm
Signiert unten rechts: „Fu 95 Rhön Danzwiesen"

121. Fulda, Domplatz mit Michaelskapelle
Kohle und Deckweiß, 1996
42 x 56 cm
Signiert unten rechts: „Fulda 95 Fu Michaelsk.."

122. Blick auf die Wasserkuppe
Buntstift und Aquarell, 1996
30 x 41,5 cm
Signiert unten rechts:
„95 Fußmann Rhön Blick auf Wasserk."

123. Frühjahr, Wasserkuppe
Bleistift und Aquarell, 1996
42 x 56 cm
Signiert unten:
„15.8.96 Fußmann Fußmann Wasserkuppe/Rhön"

124. Landschaft bei Rodholz
Bleistift und Aquarell, 1996
42 x 56 cm
Signiert unten rechts

Thüringen

125. Landschaft bei Nordhausen
Pastell, 1996
42 x 56 cm
Signiert unten rechts:
„Landschaft bei Nordhausen Fußmann 96"

126. Blick auf Olbersleben bei Kölleda
Pastell, 1996
29,5 x 41 cm
Signiert unten rechts: „Fu 96 Blick Olbersleben"

127. Nordhausen
Kreide und Aquarell, 1996
42 x 56 cm
Signiert unten rechts: „96 Fußmann Nordhausen"

128. Kyffhäuser
Bister und Aquarell, 1996
42 x 56 cm
Signiert unten rechts:
„23.6.96 Kyffhäuser Fußmann"

129. Landschaft bei Nauendorf
Aquarell und Tusche, 1996
42 x 56 cm
Signiert unten rechts: Fußmann 96 bei Nauendorf"

130. Nordhausen
Buntstift und Aquarell, 1996
30 x 40 cm
Signiert unten rechts: „Nordhausen Fußmann 96"

131. Blick auf Görsbach bei Sonderhausen
Pastell, 1996
42 x 56 cm
Signiert unten rechts: „Blick a. Görsbach
Fußmann bei Sonderhausen 96"

132. Blick auf Eisenach von der Wartburg
Buntstift und Aquarell, 1996
42 x 56 cm
Signiert unten rechts:
„Eisenach von der Wartburg Fu 96"

133. Wartburg
Kohle und Gouache, 1996
43 x 56 cm
Signiert unten rechts: „Fußmann Wartburg 94"

134. Landschaft bei Etterwinden
Tusche und Aquarell, 1996
42 x 56 cm
Signiert unten rechts:
„Thüringen Etterwinden Fußmann 96"

135. Blick auf Ellersleben (bei Kölleda)
Pastell, 1996
42 x 56 cm
Signiert unten rechts:
„Fu 96 Ellersleben Blick a. Windehausen"

136. Blick auf Weimar vom Belvedere
Buntstift und Aquarell, 1996
42 x 56 cm
Signiert unten rechts:
„Fußmann 1996 Blick a. Weimar vom Belvedere"

137. Weimar, Park mit Goethehaus
Kohle und Aquarell, 1996
42 x 56 cm
Signiert unten rechts:
„96 Fußmann Weimar Goethehaus"

138. Weimar, Park
Aquarell, 1996
39,5 x 41,5 cm
Signiert unten rechts: „Fußmann 96 Weimar Park"

139. Park in Weimar
Bister und Aquarell, 1996
42 x 56 cm
Signiert unten rechts: „Fußmann 96 Park Weimar"

140. Landschaft bei Eisenach
Pastell auf Pappe, 1996
42 x 56 cm
Signiert unten rechts: „96 Fußmann bei Eisenach"

Sachsen

141. Landschaft bei Bärnsdorf
Kohle und Aquarell, 1996
42 x 56 cm
Signiert unten rechts:
„Fußmann Blick a. Bärnsdorf Sachsen 96"

142. Blick auf Volkersdorf
Aquarell, 1996
29 x 42 cm
Signiert unten rechts: „Volkersdorf 96 Fußmann"

143. Dresden
Buntstift und Aquarell, 1996
42 x 56 cm
Signiert unten: „Dresden Fußmann 96"

144. Blick von der Burg auf Meißen
Buntstift, Gouache und Aquarell, 1996
29 x 41 cm
Signiert unten: „96 Blick auf Meißen Fußmann"

145. Blick auf Meißen
Pastell, 1996
42 x 56 cm
Signiert unten rechts:
„Fußmann 96 Blick auf Meißen"

146. Landschaft bei Mühlsdorf
Pastell, 1996
42 x 56 cm
Signiert unten rechts: „Fußmann Mühlsdorf 96"

147. Hof in Lampersdorf
Pastell, 1996
29 x 46 cm
Signiert unten rechts: „96 Fußmann Lampersdorf"

148. Hof in Lampersdorf
Pastell, 1966
42 x 56 cm
Signiert unten: „Sachsen Lampersdorf
Hof bei Sora Fußmann 96"

149. Bei Weißig, Elbsandsteingebirge
Buntstift und Aquarell, 1996
42 x 56 cm
Signiert unten rechts:
„Sachsen bei Weißig Fußmann 96

150. Blick auf Festung Königstein
(im Vordergrund Dorf Weißig)
Buntstift und Aquarell, 1996
42 x 56 cm
Signiert unten rechts:
„Fußmann 96 Blick auf Festung Königstein"

151. Landschaft bei Pappendorf (Bei Hainichen)
Tusche und Aquarell, 1996
42 x 56 cm
Signiert unten: „Sachsen Hainechen
bei Pappendorf Fußmann 96"

Saarland

152. Saarschleife
Aquarell, 1996
31 x 41,5 cm
Signiert unten rechts: „Saarschleife 96 Fußmann"

153. Saarschleife
Bleistift und Aquarell, 1996
42 x 56 cm
Signiert unten rechts:
„15.4.1996 Fußmann Saarschleife"

154. Hunnenring bei Otzenhausen
Blaustift und Aquarell, 1996
30 x 42 cm
Signiert unten rechts: „Fu 96 Otzen"

155. Wolfersweiler
Buntstift und Aquarell, 1996
30,5 x 41,5 cm
Signiert unten rechts:
„Saarland 96 Wolfersweiler"

156. Wolfersweiler, Bahnunterführung
Bleistift, Buntstift und Aquarell, 1996
42 x 56 cm
Signiert unten rechts:
„Saarland Fu 96 Wolfersweiler"

Rheinland-Pfalz

157. Blick auf Diedesfeld
Aquarell, 1995
22,5 x 31 cm
Signiert unten rechts: „Fu 95 Diedesfeld"

158. Weinberge bei Rhodt
Bleistift und Aquarell, 1995
30 x 40 cm
Signiert unten rechts: „95 Fußmann Rhodt"

159. Bei Meckenheim
Buntstift und Aquarell, 1996
30 x 41 cm
Signiert unten rechts:
„Fußmann bei Meckenheim 96"

160. Blick auf Weyher
Bleistift und Aquarell, 1996
11 x 15,5 cm
Signiert

161. Blick auf Neucastel
Aquarell und Pastell, 1996
42 x 56 cm
Signiert unten rechts:
„Blick auf Castel Fußmann 96"

162. Blick auf Dürkheim
Bleistift und Aquarell, 1995
42 x 56 cm
Signiert unten rechts:
„12.11.95 Fu Blick auf Dürkheim"

163. Rhodt
Bleistift und Aquarell, 1995
42 x 56 cm
Signiert unten rechts: „Fußmann Nov. 95 Rhodt"

164. Herbstlandschaft bei Ludwigshöhe
Bleistift und Aquarell, 1995
30 x 41 cm
Nicht signiert

165. Blick auf Rhodt von der Ludwigshöhe
Aquarell, 1995
42 x 56 cm
Signiert unten rechts: „96 Fu Blick auf Rhodt"

166. Blick auf Neustadt
Bleistift und Aquarell, 1995
42 x 56 cm
Signiert unten rechts:
„Fußmann 95 Blick auf Neustadt von Diedesfeld"

167. Blick auf Weyher
Bleistift und Aquarell, 1995
30 x 41 cm
Signiert unten: „Fußmann 95 Blick auf Weyher"

168. Landschaft bei Leinsweiler
Aquarell, 1996
30 x 42 cm
Signiert unten rechts: „bei Leinsweiler Fu 96"

169. Blick auf Leinsweiler
Pastell, 1996
30 x 42 cm
Signiert unten rechts: „bei Leinsweiler Fu 96"

170. Wollmesheim
Pastell, 1996
42 x 56 cm
Signiert unten: „Wollmesheim Fußmann 96"

171. Schloß Hambach
Tusche und Aquarell, 1995
31 x 41 cm
Signiert unten: „Fußmann 95 Schloß Hambach"

172. Wollmesheim bei Landau
Pastell, 1996
42 x 56 cm
Signiert unten:
„bei Landau Wollmesheim Fußmann 96"

173. Rhein bei St. Goar, Blick nach Hirzenach
Bleistift und Aquarell, 1996
42 x 56 cm
Signiert unten rechts:
„96 Fußmann St. Goar Blick nach Hirzenach"

174. Pfalz bei Kaub
Bleistift und Aquarell, 1996
42 x 56 cm
Signiert unten links: „Kaub Fußmann 96"

Baden-Württemberg

175. Blick auf Heidelberg
Bleistift und Aquarell, 1996
42 x 56 cm
Signiert unten links: „Fußmann H 96"

176. Ulm
Blaustift und Aquarell, 1996
42 x 56 cm
Signiert unten rechts: „Fußmann Ulm 96"

177. Bei Obermarchtal, Blick auf Neuburg
Blaustift und Aquarell, 1996
42 x 56 cm
Signiert unten rechts: „bei Obermarchtal, Blick auf Neuburg Fußmann 96"

178. Blick auf Obermarchtal
Blaustift und Aquarell, 1996
42 x 56 cm
Signiert unten rechts:
„Obermarchtal Fußmann 96"

179. Obermarchtal, Blick in den Park
Kohle und Aquarell, 1996
42 x 56 cm
Signiert unten rechts:
„Fußmann Obermarchtal 1996"

180. Bodensee von Birnau aus
Kohle, Gouache und Aquarell, 1996
42 x 56 cm
Signiert unten rechts: „Bodensee Fußmann 96"

181. Birnau
Blaustift, Aquarell und Gouache, 1996
40 x 50 cm
Signiert unten rechts: „Birnau Fußmann 96"

182. Blick auf den Bodensee bei Meersburg
Kohle, Buntstift und Gouache, 1996
42 x 56 cm
Signiert unten rechts:
„Meersburg Bodensee Fußmann 96"

183. St. Georg auf der Insel Reichenau
Kohle, Gouache und Aquarell, 1996
42 x 56 cm
Signiert unten rechts: „Fußmann 96"

184. Landschaft bei Gammertingen
Blaustift und Aquarell, 1996
42 x 56 cm
Signiert unten rechts:
„Fußmann Landsch. bei Gammertingen"

Bayern

185. Blick auf Peesten (Franken)
Buntstift, 1989
22,5 x 31 cm
Signiert unten rechts:
„Fußmann 89 Blick auf Peesten"

186. Görauer Anger (Franken)
Buntstift, 1989
22,5 x 31 cm
Signiert unten: „Fu 89 Görauer Anger"

187. Blick auf Buchau (Franken)
Buntstift, 1989
22,5 x 31 cm
Signiert unten rechts: „Fu Buchau 89"

188. Blick auf Buchau (Franken)
Buntstift, 1993
30 x 40 cm
Signiert unten rechts: „Buchau Fu 93"

189. Buchau von Schloß Giech gesehen
Bleistift, Aquarell und Gouache, 1988
42 x 56 cm
Signiert unten rechts: „1.1.88 Fu Buchau"

190. Winter in Franken, bei Buchau
Aquarell und Deckweiß, 1996
42 x 56 cm
Signiert unten rechts: „Fußmann Dörfles 1.1.96"

191. Görau (Franken)
Bleistift, Aquarell und Deckweiß, 1995
42 x 56 cm
Signiert unten rechts: „31.12.95 Fußmann Görau"

192. Schloß in Buchau
Bleistift, Aquarell und Deckweiß, 1995
30 x 41 cm
Signiert unten links: „Buchau 30.12.95 Fußmann"

193. Winterlandschaft bei Obing, Chiemgau
Bleistift und Aquarell, 1995
42 x 56 cm
Signiert unten rechts: „Obing 95 Fußmann"

194. Landschaft Chiemgau
Bleistift, 1990
42 x 56 cm
Signiert unten Mitte: „90 Fu"

195. Blick auf Wasserburg
Bleistift und Aquarell, 1988
42 x 56 cm
Signiert unten rechts: „Wasserburg 88 Fußmann"

196. Blick auf Fremdling
Bleistift, Aquarell und Deckweiß, 1996
30 x 41 cm
Signiert unten:
„Blick auf Fremdling Fußmann 30.Dez."

197. Königssee
Tusche und Deckweiß, 1985
29,5 x 40,6 cm
Signiert unten rechts: „27.12.85 Fu. Königssee"

198. Landschaft bei Obing, Chiemgau
Bleistift und Aquarell, 1993
42 x 56 cm
Signiert unten rechts: „Obing 29.12.93 Fußmann"

Inhalt

Edition Josef Peerlings

Friedrichstraße 49
47798 Krefeld
Tel.: 02151/29743

Kurhausstraße 7
25999 Kampen/Sylt
Tel.: 04651/4940

ISBN 3-922195-32-6
Gesamtherstellung: Goltze Druck Göttingen